그렇게
길은
산티아고로
이어진다

이광희
에세이

그렇게
길은
산티아고로
이어진다

프랑스 생장에서 산티아고까지 800km 37일간의 기록

까미노에서 나를 돌아보다
찾고자 하는 길은 길 위에 있고 그렇게 길은 길로서 계속 이어진다.

이 책을
그동안 많은 어려움을
함께해 준
아내 모니카,
사랑하는 딸 도미니카와
아들 토마스 아퀴나스에게
바친다.

프롤로그

봄 햇살이 따사롭던 하루, 창밖을 보다가 문득 떠오르는 생각이 올해도 이렇게 시간이 가는 대로 그냥 보내는 건가…?

삶이 건조해지는 건 게으름이나 의욕의 저하일지도 모른다. 이때는 변화와 목표가 필요할 시점일 것이다. 그리고 그 변화의 시도는 이것저것 재지 말고 그냥 바로 실행에 옮기지 않으면 할 수 없다는 것이 살아오면서 체득한 진리이다.

산티아고를 간다는 말을 했을 때 사람들의 첫 번째 반응은 대체로 이렇다.

왜?
누구하고?
어떤 길로?
얼마 동안?
힘들 텐데….
무언가를 내려놓을 것이 많은가 봐?

이런 질문과 반응을 접할 때 나도 딱히 멋있는 답이 없다.

'그냥…'이라는 답은 무성의한 것 같기도 하고, 가지고 있던 Bucket List를 실행하고자 한다면 너무 일반적인 답변인 것 같고…. 솔직히 갑자기 결정한 이유는 나도 잘 모르겠다. 회사를 은퇴하고 그동안 마음속에 품으면서 가고 싶었던 생각이 계속 있긴 했지만, 왜 금년인가에 대해서는 막연히 내년이 되면 더 가기가 쉽지 않을 것 같은 일종의 강박관념이라고나 할까…?

왜 혼자인가는, 여러 일행이 무리 지어 가는 것은 원래의 내 생각과 달라 애초부터 배제되었고, 아내하고 같이 가는 것은 아직 학교에 매여 있고 걷는 것을 별로 좋아하지 않는 터라 혼자 가는 것으로 합리화한 것이며, 아들은 본인의 진로에 대해서 지금 나름 중요한 결정을 하는 시기이기도 하고 최근 나와의 관계도 그리 매끄럽지 않아서…. 그리고 순례길을 마치고 영국에 있는 딸아이를 보러 간다는 명분도 살짝 더해놓고 나니 혼자서 가야 한다는 생각을 굳히게 되었다.

순례길을 딱 한 번 다녀와서 낮은 필력으로 글을 남긴다는 게 참으로 내키지는 않지만, 그냥 기억 속에서만 저장했다가는 곧 흐려질 것 같고, 그렇다고 다시 한번 갈 자신은 더 이상 없을 것 같은 데다, 기록이라도 해보는 게 작은 의미라도 있을 것 같아 여기저기 산재한 기억과 느낌을 메모와 사진으로 끼워 맞추면서 정리를 해보고자 하였다.

또 하나의 이유를 들자면 그동안 살아오면서 가족과의 대화에 있어서는 내가 생각해도 많이 부족했고, 이제 한창 성인이 된 자식들과의 가슴속 깊은 공감을 많이 해본 적이 없는 터라, 이에 대해 반성도 할 겸 최소한 아버지가 이 나이 때 무슨 생각을 하고 있었는지에 대해 일방적인 방법이긴 하지만, 하나의 전달 수단이라는 생각도 없지는 않은 것 같다.

하지만 길을 걸으면서 느낀 당시의 순간순간의 많은 생각을 다 기록할 수도 없었고, 시간이 지나면서 기억도 조금씩 희미해지고 있고, 설사 생각이 정확히 나더라도 표현할 능력이 많이 부족한 것이 안타깝지만, 최대한 그 당시의 생각과 추억과 감동의 얼개를 이리저리 맞춰서 정리하고자 하였다.

목차

프롤로그

I. 그냥 떠나다

D-2 : 여러 단상 … 016
D-1 : 생장으로 향하다 … 024

II. 까미노에 서다,
생장 – 부르고스

D-day : 첫발을 떼다 … 034
Day 2 : 피레네를 넘다 … 040
Day 3 : 비와 동행하는 길 … 051
Day 4 : 작은 성당의 천사 그리고 팜플로나 … 055
Day 5 : 페르돈 고개와 왕비의 다리 … 064
Day 6 : 바람과의 동행 … 070
Day 7 : 몬하르딘과 무인 구간 … 076
Day 8 : 귀마개와 인생 스테이크 … 083
Day 9 : 작은 도둑질 … 093
Day 10 : 작은 마을 아소프라 … 100
Day 11 : 길 그리고 그라뇽의 감동 … 106

Day 12 : 많은 인연		116
Day 13 : 아침의 봉변		122
Day 14 : 부르고스, 아! 300km		129

Ⅲ.
메세타,
그 황량함에 빠지다,

부르고스 – 레온

Day 15 : 메세타, 산볼,		
오래 남을 기억		138
Day 16 : 김밥과 비빔밥		148
Day 17 : 대평원		156
Day 18 : 카리온에서의		
부질없는 생각		164
Day 19 : 긴 무인 구간,		
400km를 지나다		170
Day 20 : 베드버그의 침공		176
Day 21 : 스페인 저택		183
Day 22 : 레온에 들어서다		189
Day 23 : 레온		196

IV.

폰세바돈의

철의 십자가,

레온 - 라스에레리아스

Day 24 :	혹독한 비바람, 새로운 만남	204
Day 25 :	아스토르가 가는 길	210
Day 26 :	작은 교회의 성가	218
Day 27 :	철의 십자가	224
Day 28 :	긴 아침의 잔혹사	233
Day 29 :	한밤의 처량함	241

V.

갈리시아,

라스에레리아스 - 페드로우소

Day 30 :	갈리시아, 그리고 오세브레이로 정상	248
Day 31 :	산실을 지나 사리하로	258
Day 32 :	마침내 100km	265
Day 33 :	까미노 블루	274
Day 34 :	보엔테 가는 길	280
Day 35 :	복잡해진 길, 마지막 19km	285

VI.

아, 산티아고,

페드로우소 – 산티아고

Day 36 : 마침내 산티아고　　294

Day 37 : 대미사, 한 방울의 눈물　　305

에필로그

순례길과 관련하여
많이 하는 질문(FAQ)에 대한 안내

I
그냥 떠나다

D-2 :
여러 단상

| 파리 센강의 비라캥 다리

▌배낭의 무게는 삶의 무게

끙끙거리면서 줄이고 줄이기를 반복하면서 몇 번인가를 다시 꾸리는 배낭 무게가 좀체 줄지 않는다. 겨우 욱여넣어 터질듯한 모양새가 되는데 집에서 사다 준 고추장 볶음 등 비상 양식을 마지막으로 추가하면서, 부피를 이기지 못하고 결국 폭발하고 만다. 할 수 없이 보조 가방을 추가하여 총중량은 12kg이 조금 넘는 수준. 적정 무게라는 7kg을 한참 초과한다. 배낭의 무게는 삶의 무게라고도 하던데 삶이 아직도 지탱해야 할 것이 많은지, 아니면 쓸데없이 허드레 짐을 애써 늘리면서 살아온 것은 아닌지…? 이번 여행을 마치고 나서는 어깨 위의 짐들이 좀 가벼워질 수 있을지 모르겠다.

　아침 비행기 시간을 맞추느라 새벽 출발을 앞두고 밤새워 뒤척이다 두세 시간이나 잤는지 머리가 무겁다. 어제 늦게까지 잘 다녀오라는 주위 사람들의 격려가 더 가슴을 누른다. 내가 가고자 했던 여정이 그동안 조심한다고는 했지만, 주위에 이리저리 알려지면서 모두 많은 걱정과 격려를 해준다. 하지만 부담이다. 해낼 수 있을까…?

　새벽 비가 이별의 구색을 갖춰주며 쏟아진다. 이 비도 삶의 무게를 더하는 모양이다….

▎자유

　인천공항 대기실에 앉아 있자니 마음 한구석에 자리 잡고 있던 막연한 불안감이 40여 년 전 입대하러 논산 훈련소 가던 느낌 같기도 하다. 하지만 그때는 젊었지만 내가 원해서 간 것은 아니었고, 지금은 어느 정도 연식이 되었지만 내가 원해서 가는 차이라고나 할까.

　그러고 보니 오랜만의 해외여행이다. 직장 시절 비즈니스라는 명목의 꽉 찬 일정을 가지고 떠나며 많이 힘들기도 했지만, 지금 생각하면 참 사치스러운 해외 출장이었다. 좋은 숙소와 먹거리, 교통수단 어느 것 하나 별로 신경 쓸 게 없었지만, 항상 머릿속에는 일 자체와 결과에 대한 압박이 있어서 결코 즐거울 수가 없는 일정이었다. 반면에 가족과의 여행은 마음이 편안하고 즐거웠지만, 전체 일정 계획과 여러 가지 챙길 것으로 나름 신경이 쓰이기도 했다. 지금은 이코노미석 가운데 자리에서 쭈그리고 앉아 가야 할 먼 길이지만 마음 한구석에서는 한동안의 아무에게도 구속받지 않는 일탈에 대한 자유로움이 느껴진다.

추락을 위해 비상(飛上)이 있다고도 하지만 이상의 〈날개〉 같은 슬픈 비상보다는 앞으로 맞게 될 길고 긴 길 위에서 누리고 싶었던 자유로움의 발자국 흔적이라도 남기고 싶다….

| 출발을 앞둔 인천공항 출국장 모습

▮ 무박 1.5일 차, 골목길 맛집

시차 덕에 하루를 이틀처럼 보낸다. 비행기에서 꼼짝 못 하고 14시간 넘게 앉아 있었더니 소화도 안 되고 온몸이 천근만근이다. 오랜만의 시차인지라 공항에 내리자마자 졸리고 피곤하다. 전철을 타고 갈까 하다가 시내 지리도 잘 모르고 첫날부터 무거운 배낭을 메고 헤매기도 싫어 택시를 탄다. 예상외로 기사가 친절하다. 불어는 깡통이라 미리 준비한 호텔 주소를 주니 몽파르나스 역 근처의 크지 않은 호텔인데도 용케 잘 찾아간다.

체크인하고 기내의 부실한 식사를 만회하고자 호텔 근처를 서성이다가 골목의 작은 일식당을 발견한다. 'OKAWARI'라는 데리야키 집이다. 만두와 생맥주를 곁들여 나온 식사가 제대로이다. 바싹거리는 교자 맛과 와사비와 함께한 데리야키의 적절한 양념은 시장해서인지 일본서 먹어본 맛보다 훨씬 나은 것 같다. 몸이 지친 것 때문이라고 하기엔 너무 인상적인 맛이라 주인에게 감사 인사를 하고, 배도 부르고 해서 호텔로 가서 쉬려던 계획을 바꿔 에펠탑이 있는 센강을 향해 전철로 이동해 본다. 전철은 지은 지 100년이 지났다고 해서 낡았지만 아주 인간적이다. 표도 옛날 우리 기차표처럼 종이로 되어 있고 검표원의 졸리는 듯한 무표정도 생각대로이다. 소매치기가 득실한다는 유튜버들의 경고를 전혀 못 느끼고 옆사람의 수동문 조작을 커닝해서 센강 변에 내린다.

| 파리 몽파르나스 역 뒷골목의 저녁 풍경

센강(Seine River)

프랑스는 그간 스위스 출장길에 샤모니에 들른 적이 있었고, 파리에는 여러 번 왔지만, 매번 환승만 해서 파리 구경은 사실 처음이라고 할 수 있다. 센강은 예상은 했지만, 폭의 규모는 한강의 3분의 1이나 4분의 1 규모나 될까 모르겠다. 하지만 차이라 하면 한강은 산책로 등이 잘 가꾸어져 있지만, 회색 구조물의 시멘트 느낌이 나는 반면, 센강은 허름하긴 하지만 오래된 주위의 석조건물과 조화로워 시간의 흐름과 지나온 역사가 균형을 느끼게 한다. 낭만적이라는 미라보 다리는 안 봐서 모르겠고 막 타고 온 메트로 6호선이 지나가는 비라켕 다리의 2층 구조가 뒤를 배경으로 한 저녁노을, 파란 저녁 하늘과 구름이 언덕 위의 집들과 어우러지면서 함께 그림 같은 장면을 연출하고 있다.

야간 조명 덕분인지 사진보다 실물이 더 나은 자태의 에펠탑을 보며 강변을 따라 거닐다가 조금 더 가면 개선문도 있고 강 건너 몽마르트르 언덕도 있다고 하나 더 이상 졸리는 몸이 허락하질 않아 호텔로 돌아와 긴 하루를 마감한다….

| 파리의 에펠탑 야경

D-1 :

생장으로 향하다

| 생장 피에르 데 포르 역

📍 8/24, 목

파리(Paris) - 바욘(Bayonne) - 생장(Saint Jean Pied de Port)

┃ 생장 가는 길

아침을 호텔에서 간단하게 하고, 어제 미리 탐색한 몽파르나스 역으로 도보로 이동하여 탑승 준비를 한다. 역에서 예약해 둔 TGV 열차 탑승구를 확인하려니 매우 복잡한 역이라 출발 20분 전에야 전광판에 플랫폼 게이트가 표시된다. 시간이 아직 있어 파리지앵 흉내를 내며 모닝 카페라테를 한 잔 들고 여유 있게 마시다가, 시간이 되자 플랫폼 입구를 찾아서 열차에 무사히 탑승한다. 예약한 2층 자리로 가니 열차가 KTX보다 좀 넓은듯하고 승차감도 편한 느낌이다. 창밖으로 펼쳐지는 프랑스의 전원 풍경이 평화롭다. 우리

보다 땅이 훨씬 넓은 나라라 평원이 넓어 들판의 초록이 계속해서 이어지고, 우리가 익히 들은 유명한 와이너리 지역도 몇몇 통과하는 것 같다.

| 파리 몽파르나스 역

 기차는 20분 정도 연착하여 4시간 30분 만에 바욘(Bayonne)에 도착한다. 국철인 TER로 갈아타기까지 2시간 30분이나 여유가 있었다. 도착한 사람들은 역 앞이나 카페에서 진을 치고 일행들끼리 담소하며 기차를 기다린다. 이 지역은 바스크지역이며 도시의 볼거리나 맛집이 많다고들 해서 여기서 1박을 하고 이동하는 사람들도 있다고 하나, 난 배낭도 있고 생장에 도착하기도 전에 힘을 빼고 싶지 않아 역 근처 한적한 카페에서 그냥 죽치기로 한다. 친절한 종업원 아가씨 덕에 커피 두 잔에 주전부리까지 먹어가며 큰 불편 없이 기다리다 다시 기차로 1시간 10분여를 더 가서 생장 근처에 다가

서자, 멀리서 내일 넘어야 할 피레네의 엄청난 위용을 느끼며 마침내 생장 역에 도착한다.

| 생장으로 가는 길의 프랑스 평원

D-1 : 생장으로 향하다   27

▎출발지인 생장

▎생장 니베강 위의 노트르담 문

역에 도착하니 빨간색 문에 생장이라는 푯말과 함께 아담한 시골 역 느낌이 난다. 아직도 남아 있는 한여름의 강렬한 도로의 열기를 느끼며 여러 사람과 함께 길을 따라 올라가서 순례자 사무실에 들어선다. 사무실 안은 각국에서 도착한 사람들과 안내하는 나이 드신 봉사자들로 분주하다. 미국 사람들이 의외로 많고 프랑스, 스페인, 그리고 한국인…. 이제 어디를 가든 한국 사람들도 메이저 그룹이다. 할머니 봉사자의 친절한 설명과 순례자 여권발급, 알베르게 안내서, 코스별 해발 등 여러 자료와 커다란 조가비를 지급 받은 후에 예약한 알베르게에서 체크인을 한다. 주인장의 요란한 알베르게 사용 설명을 듣고 난 후 늦은 저녁 식사를 할만한 장소를 찾다가, 순례자 사무실 근처 한 식당에서 샐러드와 맥주로 저녁 요기를 한다. 야외 마당에 가득한 순례자들은 모두 내일부터 시작되는 일정에 관해 이야기하는지 설렘과 걱정이 교차하는 모습이다.

| 생장의 순례자 사무실

내일 대장정의 출발을 앞둔 사람들이 마치 출정식이라도 되는 양 요란한 맥주 파티로 가득한 골목길은 많은 인파로 소란스럽다. 식사 후 중심지를 빠져나와 동네 한 바퀴를 돌아보며 로마 시대부터 중세를 거쳐 나폴레옹 시대에 이르기까지 전략적 거점이었다는 도시의 면면을 맛보기로 한다. 이 지방 건축양식이 바스크 지방 특유의 나무 발코니와 도시를 상징하는 문장이 특이한 모양을 보여준다. 숙소로 돌아오니 내가 배정받은 장소에 한 젊은 친구가 일행인 듯한 사람과 짐을 여기저기 널어놓고 벌써 완전히 기절한 상태로 자고 있다. 첫날부터 소란스러울 필요가 없어 맞은편 비어 있는 침대에서 먼저 와 있던 사람의 친절한 안내를 받으며 취침할 준비를 한다. 이제 처음 접하는 알베르게 특유의 공동생활과 불편함을 맛보면서 내일부터 시작할 대장정에 살짝 긴장감을 느끼며 잠자리에 든다.

| 출발 전의 생장 밤 풍경

Ⅱ
까미노에 서다,

◉ 생장 – 부르고스

D-day :

첫발을
떼다

| 비구름에 희미한 피레네 풍경

📍 8/25, 금

생장피에드포르(St. Jean Pied de Port) - 운또(Hunto) - 오리손(Orisson), 8km

I 첫발을 떼다

드디어 긴 여정의 첫날을 시작한다….

첫발을 딛는다는 것은 언제나 설레기도 하고 막연한 걱정이기도 하다.

어릴 적 학기 시작 전 동네 문방구에서 학용품을 사던 기억, 설날 전날 온갖 새로운 계획을 세우면서 가슴 부풀던 기억, 신입사원으로 처음 출근하던 날 넥타이를 매며 거울에 비친 모습에 다짐하던 기억, 결혼식 전날 다가올 미래에 대한 아름다운 기억…. 세월을 떠나서 처음 가는 길은 그 결과를 알지 못하기에 더 설레나 보다.

프랑스 루트(Camino Frances), 까미노나바로(Camino Navarro) 혹은 나폴레옹 루트 등 많은 이름을 가지고 있고 또 가장 많은 순례객이 가고자 하는 길을 나도 그 일원으로 동참하여 시작한다. 총 길이는 약 800km로 길고, 스페인 북부의 많은 지방을 거치면서 다양한 기후와 자연경관을 품고 있는 길이라고 한다. 출발 전부터 여러 매체에서 본 피레네산맥을 둘러싼 아름다운 마을과 끝없이 이어진 산길을 경험해 보고자 주저 없이 이 길을 선택했다. 하지만 첫날에 너무 힘들었다는 경험담과 무거운 배낭을 메고 높은 산을 지나 거의 10시간을 가야 하는 하루의 일정에 자신이 없어, 약 800m 고지에 있는 오리손에서 하루를 보내기로 하고 출발 전에 예약해 둔 터이다. 산 중턱에서 보는 여름의 파란 하늘과 푸른 초지와 잘 어우러지는 프랑스 마을 경치를 느긋하게 즐기고자 하는 생각과 함께.

아침 일찍부터 문을 연 상점에 들러 앞으로 계속 사용할 스틱, 수통, 머리띠 등의 장비를 사서 떠날 준비를 하고, 니베강이 흐르는 다리 위의 노트르담 뒤퐁 성당 앞에서 시원하게 나오는 물을 가득 채워 아침 8시를 조금 지나 여유 있게 출발을 한다. 오늘은 가는 길이 멀지 않아 서두를 필요는 없을 것 같다. 물까지 더해지니 등에서 느껴지는 배낭의 무게가 묵직하다. 물과 물통만 해도 1kg이 넘을 것이니 배낭은 최소 13kg 이상은 될 것 같다. 어제저녁 요란했던 마을 시내는 벌써 출발한 순례객들 때문인지 아주 조용하다. 마을 중심을 따라 흐르는 자그마한 하천 위에 놓인 다리를 지나고 스페인 문을 나서자 마을 끝자락으로 이어지며 시세(Cize) 언덕길 방향의 본격적인 오르막이 시작된다.

서서히 길을 따라 고도를 높혀가니 눈 아래로 마을이 멀어지고 있다. 날씨는 잔뜩 흐려 생각보다 덥지는 않았지만, 피레네의 풍광을 놓치지는 않을까 하는 불안감이 들기도 한다. 중간중간 순례길 첫날을 시작하는 조금은 흥분되고 긴장한 표정의 사람들과 함께 산길을 같이 오른다. 길의 왼쪽 아래 멀리 초록색의 초지로 둘러싸인 마을과 붉은색 지붕의 농장들이 그림엽서처럼 앉아 있다. 중간 목적지인 운또까지 가서 잠깐 쉴 생각으로 길을 계속 오르니 부슬비가 조금씩 강해지는 듯해서 잠깐 길을 멈추고 배낭 커버를 씌우고 다시 걷는다. 오르막이 계속되다 보니 벌써 지친듯한 몇몇 사람들은 비 오듯 나는 땀을 닦아내며 호흡을 가다듬는다.

운또 알베르게 표지판을 보며 한숨 돌린 후 다시 길을 1시간 정도 더 올라가니 비와 안개로 앞이 잘 보이지 않았지만, 저 멀리 사람들이 모여 있는 모습들이 있는 것 같아 다가가니 오늘의 목적지인 오리손 산장이다. 앞으로 론세스바예스까지는 다른 휴식처가 없어 거의 모든 사람이 쉬어 가는 곳이기도 하다. 오늘의 목적지에 오전 11시 전에 도착하는 바람에 시간이 너무 이른 감이 있어 통과할까도 생각하다가 예약도 미리 해놓은지라 그냥 묵기로 한다. 계속되는 비에 한기도 느껴져 따뜻한 수프를 주문해서 몸을 데운다. 내부에서 체크인을 기다리다 보니 많은 사람을 만나게 되고 그중에는 한국 사람들도 더러 보인다. 이국에서 자국인들을 만나는 것은 반가운 일이다. 간단한 인사를 나누고 앞으로의 여정과 관련해서 덕담을 나눈다.

▮ 오리손 산장

▮ 오리손 산장

 간단한 점심 식사 후 숙소를 배정받아 아래쪽 별채로 떨어져 있는 숙소에서 짐을 풀고 샤워를 한 후 휴식을 취한다. 시차 적응이 아직 안 되었는지 잠시 눈을 붙였다고 생각했는데 옆에 있던 사람들이 나를 깨운다. 저녁 식사시간이란다. 식당에는 오늘 투숙객 약 40여 명이 모두 모여 있다. 아까 인사했던 한국인이 옆자리를 내어주는 덕에 자리를 잡고 앉는데, 메뉴는 수프와 치킨 혹은 비프, 빵과 와인이다. 테이블마다 서로 인사를 나누고 어떻게 왔는지와 여행 일정 등을 물어보며 편안하게 대화를 한다. 식사가 끝날 무렵 주인인 듯한 남자가 나오더니 오리손 산장의 전통이라면서 한 사람씩 일어나서 자기소개와 순례길에 오게 된 배경과 마음가짐을 이야기하는 차례라고 한다. 앞으로의 길에서 자주 만날 사람들이니 미리 서로 알고 도움을 주자는 취지인 듯하다.

 각자가 영어, 스페인어, 불어 등으로 인사를 나누며 여러 사연이 소개된다. 암 진단을 받고 수술 후 건강을 회복하다가 자신과의 싸움을 하기 위해 오게 된 미국인 중년 남자, 이스라엘에서 오래전부터 소망하던 어머니와 추억여행을 하기 위해 온 딸, 신앙심이 충만한 표정의 멕시코에서 왔다는 남자, 은퇴 후 남편의 건강과 그동안 살아왔던 행복한 기억을 내보이며 소중한 추억을 간직하고 싶다며 눈물을 글썽이던 70대 미국 부부 등 유럽 각 지역, 미국, 아시아에서 온 많은 사람들 모두 무엇이 그들을 여기로 이끌었는지는 각자의 사연이 다르겠지만 모두 소중하고 의미 있는 시간이 되길 기원해 본다.

| 오리손 가는 길

Day 2 :

피레네를 넘다

| 여러 길을 가리키는 이정표

> **📍 8/26, 토**
>
> 오리손(Orisson) - 비아꼬레(Biakorri) 성모자상 - 벤따르떼아(Bentarte) 언덕 - 롤랑(Roland)의 샘 - 레푀데르(Lepoeder) 언덕 - 이바네따(Ibaneta) 언덕 - 론세스바예스(Roncesvalles), 17km

▎피레네를 넘다

    어제 피레네 중턱의 Orisson 숙소에서 약간의 긴장되면서도 설레는 하루를 보내고 두 번째 일정을 시작한다. 방 안에 같이 지냈던 각지에서 온 순례객들도 새벽부터 일어나 부산하게 출발을 준비한다. 밖에는 여전히 비가 추적거리며 구름과 함께 커다란 산을 휘감고 있고, 선선한 기온이 여름의 한가운데를 잠시 잊게 만든다. 출발 전 어제 주문한 커피와 토스트로 아침 식사를 간단히 하고 점심 요기 거리로 바게트로 만든 샌드위치를 하나 받아들고 길을 나선다.

순례길 긴 여정의 1차 고비라는 피레네 고지대를 넘기 위해서, 떠나는 사람들의 표정도 어제저녁 식사 때의 분위기와는 사뭇 다르게 비장하다. 떠나는 시작부터 급하진 않지만 계속되는 오르막이 비구름 속에 언뜻언뜻 보이면서 끝없이 이어지는데, 맑은 날에 정상을 보며 오르면 더 힘들지도 몰랐을지에 대한 배려라고 애써 생각한다. 배낭과 보조 가방끈을 바짝 조이면서 산의 등줄기를 밟으며 계속 발을 내딛는데, 아침부터 내리는 비는 정상 방향으로 오르는 동안 점점 빗줄기가 굵어지면서 발걸음을 자꾸 더디게 한다. 중간중간 딸랑거리는 종소리와 함께 만나는 많은 양 떼와 소 떼들은 저 멀리 잠시 잠깐 보이는 초록색 마을풍경과 어우러지며 이국적인 분위기를 확인시켜 준다. 길과 길은 이어져 다음 길이 되고 계속해서 하늘로 연결되는 듯 구름과 초록 사이로 나면서 우리가 가야 할 노정을 확인시켜 준다. 중간 어깨 쉼을 하기 위해 잠깐 머물 만한 쉼터는 보이지 않아, 길바닥에 주저앉아 잠시 호흡을 가다듬으며 지나가는 사람들과 아직은 서툰 "부엔 까미노(Buen Camino)." 인사를 주고받는다.

| 피레네 정상으로 가는 길

다시 길을 나서 산 구름 사이를 헤쳐 올라가다 비아꼬레 성모자상을 마주친다. 성모상 앞에는 많은 사람이 다녀간 흔적의 작은 돌들이 주위에 겹겹이 쌓여 간절한 소망의 표식을 해놓았다. 지나가는 바람 소리와 함께 그 소망들의 기원이 들리는 듯하다. 나도 작은 돌을 주워 먹먹한 가슴으로 "토마스 아퀴나스"라고 중얼거리며 조심스레 올려다 놓는다.

아들은 어릴 때부터 조용하고 속이 깊은 아이였다. 그때는 가끔씩 주말에 운동도 하고 여행도 가며 같이 지내는 시간이 많았지만, 성인이 되어가는 동안 나는 직장을 핑계로 아이들과 지내는 시간이 많지 않았다. 그러다 보니 서로의 공감 기회도 많이 줄어들고 시간이 지나면서 거리감도 더 생기게 된 것 같다. 코로나 기간에는 상의도 없이 갑자기 아프리카로 떠나서 1년을 국제 봉사활동을 하고 오기도 했다. 뒤돌아보면 아이들과의 시간을 많이 가지지 못한 것이 살면서 가장 아쉬운 부분이기도 하다.

| 이정표와 기원을 비는 돌 더미

산을 오를수록 서늘해지는 기온은 스틱 쥔 손을 오그라지게 만들고, 연신 손을 비벼가며 길을 잃지는 않을까 하는 경계심으로 계속 안개구름 속을 헤집고 올라간다. 한여름에 한기에 떠는 느낌이라니 비현실적인 것 같은 기분을 느끼며 정상에 다가간다. 한 떼의 말 무리를 옆으로 하고 벤따르떼아 언덕과 롤랑의 샘을 지나 오솔길 같은 밤나무 사이의 오르막길을 올라가니 약 3~4m 폭의 철제 레일 길이 나타나는데 여기가 프랑스와 스페인의 국경이란다. 내가 만난 국경 중 가장 소박하고 인간적이다. 같은 EU 역내라 비자도 없고 통관도 없다. 갑자기 존 레논의 'Imagine'에 나오는 가사가 연상되며 국가라는 경계선은 정말 필요한 것인가 하는 의문이 들기도 한다. 이로 인한 수많은 전쟁과 다툼으로 역사적으로 얼마나 인류를 괴롭혀 왔을까 하는 부질없는 생각에 잠시 잠긴다.

| 프랑스와 스페인의 소박한 국경

여기서부터 스페인(Spain)의 나바라(Navarra) 지역이라는 표시와 함께 처음으로 순례길 표시의 조가비 문양을 만나게 된다. 계속 이어지는 숲길을 지나니 정상 부근 개활지의 오두막 같은 쉼터에서 잠시 추위를 피한 다음 정상에 있는 레푀데르 언덕에 도착한다. 고도 1,410m가 되는 곳이라 사방에서 바람이 밀려오며, 구름과 안개 사이로 저 멀리 피레네의 속살이 잠시 잠깐 그 웅장하고 아름다운 자태를 보여준다. 도착한 순례객들은 정상에 다다랐다는 안도의 표정과 함께 불어오는 바람 속에서 허기를 달래기도 하고 연신 인증사진을 찍고 있다.

| 피레네의 레푀데르 정상

나도 가져갔던 딱딱한 샌드위치 반쪽을 마저 욱여넣고 하산길을 나선다. 론세스바예스까지는 약 4km 정도 남은 것 같다. 안내책에 가파른 돌길이라 각별한 주의를 당부하던 길이다. 조심스레 비탈길을 지나니 길게 뻗은 나무 사이로 낙엽이 그야말로 카펫처럼 깔린 숲속으로 편안한 숲길이 나타난다. 오르막의 힘듦과 바람과 추위가 언제 그랬냐는 듯 물러가고 새소리와 고즈넉한 숲길이 고생했다는 듯 보상해 주는 느낌이다. 그렇게 한참을 내려가니 표지판과 함께 수도원 건물이 보이기 시작하는데, 오래된 역사만큼이나 건물 외관이 고색창연하다. 이런 건물에 숙소가 있을 것 같지 않은 의구심과 함께 입구를 찾아 들어가니 먼저 온 순례객들 몇몇이 벌써 도착해 있다.

| 론세스바예스 수도원

사무실로 들어가니 실내는 의외로 너무나 정결하다. 긴 줄을 기다린 후 체크인을 하고 저녁과 아침 식사를 예약한다. 한국인 순례객들이 많은지 한국어 안내문도 같이 비치되어 있다. 2시부터 숙소 입장이 가능한지라 조금 시간이 남아 수도원 외부를 부슬거리는 비를 맞으며 둘러본다. 여러 번의 건축과 소실을 거쳐 17세기에 재건축되었다는 수도원은 성당, 회랑, 소성당, 박물관 들이 로마네스크와 고딕 양식이 어우러지며 세련된 자태를 보여준다. 론세스바예스는 유럽의 유명한 서사시〈롤랑의 노래〉의 배경이 되는 도시이다. 역사책에서 보았던 기억이 있는 프랑크왕국의 샤를마뉴 대제와 12기사 중의 한 사람인 롤랑의 전설이 있는 곳이라니 몇 세기의 시간과 공간의 거리가 가깝게 느껴진다.

▎오래된 미사

생장이나 오리손보다 훨씬 깔끔하고 잘 정리된 숙소에 들어가니 예약하기를 잘했다는 생각이 든다. 빠르게 샤워와 빨래를 마치고 잠시 지친 몸을 좀 쉬다가 아까 안내소에서 봤던 수도원의 미사 시간이 생각이 나 잠시 망설이다 오후 6시에 있는 미사에 참례한다. 지난해 어머니와 장모님 장례미사에는 선택의 여지가 없이 참여하기는 했지만, 코로나 핑계와 함께 냉담자를 자처하며 미사에 자발적으로 참석한 지는 3~4년 만인 것 같다. 성당 내부는 십자고상과 황금빛 마리아상을 중심으로 좌우의 양식이 조화되며 역사와 무게가 느껴지는 분위기다.

 스페인어로 진행되는 미사는 무슨 말인지 알아들을 수는 없지만, 기억 속에 남아 있던 미사 예절을 하나씩 따라가 본다. 중간의 영성체 시간에는 고백성사도 하지 않았지만, 나중에 기회가 되면 하리라고 손쉬운 타협을 하며 다른 순례자들과 함께 줄을 서서 성체를 영한 후 이번 여정의 무사함을 기원해 본다. 미사를 마치는 마지막 시간에는 순례자들을 모두 앞으로 나오게 해서 먼 길을 떠나는 순례자들의 안전과 건강을 위해 특별히 기도를 해주신다. 그 기도에 앞으로 마주치게 될 나 자신의 나약함에 대한 두려움을 날려 보내고자 한다.

| 기원

 산을 넘으면서 흘린 땀이 차가운 바람을 맞으며 식었다. 더워지기를 반복했더니 감기가 왔는지 밤새 열이 오르기 시작한다. 이제 겨우 시작인데 이렇게 몸이 안 좋으면 힘든데…. 머리가 복잡해진다.
 간절한 마음에 어제저녁 미사도 오랜만에 참여했겠다 해서 저 위에 계신 높은 분께 백을 한번 써본다.

"제가 이 긴 여정을 남보다 결코 더 잘할 필요는 없지만, 마지막까지 버틸 수 있게만 해주십시오. 저에게 중간에서 포기만큼은 하지 않을 용기를 주십시오. 그래서 마지막 도착지에서 뜨거운 감사를 할 기회를 주십시오…."

| 론세스바예스 성당

Day 3 :

비와 동행하는 길

| 부르게테 마을

📍 8/27, 일

론세스바예스(Roncesvalles) - **부르게테**(Burguete) - **에스피날**(Espinal) - **비스카렛**(Bizkarreta) - **수비리**(Zubiri), 23km

어젯밤의 기도 덕분인지 약 기운 때문인지 모르겠지만 열이 조금 내리는 듯하다. 어제 오던 비가 아침에도 계속된다. 고도가 아직 900m 이상이라 비까지 내리니 아침 기온이 가을처럼 매우 서늘하다. 오늘부터는 매일 20km 이상을 가야 하는 길이므로 우중 행로를 위해 배낭 커버와 함께 판초를 꺼내 준비한다. 떠나기 전에 숙소 건물 바깥의 아담한 소성당에 들러 잠시 묵상을 한다. 이정표를 따라 나가니 길은 밤나무 숲길로 계속 이어지며 편안한 느낌을 주지만, 계속 내리는 비에 한기가 밀려와 걸으면서도 계속 몸을 떨다가 첫 번째 마을인 부르게테의 카페에 들러 따뜻한 커피 한잔으로 잠시 몸을 녹인다.

잠깐잠깐 멈추는 비 사이로 파란 하늘이 보일듯하다가 급기야는 폭우로 쏟아진다. 서둘러 지나던 마을 중간의 체육관에 들러 비를 피한다. 여기저기 난민 같은 모양새의 순례객들이 모여서 세차게 내리는 비를 망연히 쳐다보고 있다. 나도 허기가 몰려와 가지고 있던 비상식량과 친절한 옆 사람이 건네준 간식거리를 순식간에 해치운다. 앞으로의 길에서 얼마나 많은 시련과 도전이 기다리고 있을까를 생각하다가 더 이상 지체할 수 없어 다시 짐을 단단히 꾸리고 쏟아지는 빗속으로 길을 나선다.

| 쏟아지는 비와 함께

중간의 메스키리츠 고개를 지나면서는 대체로 내리막길이라 걸을만하더니, 다시 오르막인 애로(Erro) 고개를 지나는 마지막 구간에서는 돌자갈과 독특한 암반으로 된 급한 내리막을 더듬어 내려가니 고생시키던 날씨가 그제야 비를 그친다. 마을 입구의 라라비

아라는 이름의 아담한 다리를 지나 탈진한 상태로 목적지인 수비리에 도착한다.

　데스크에서 맞아주는 학생인 듯한 아가씨는 친절하게 안내를 해주고 여기저기 널려 있는 주방과 세탁기에 대한 사용방법도 알려준다. 한국에도 꼭 가보고 싶다며 해맑게 웃는 모습이 친근한 느낌이다. 숙소에서 만난 잘생긴 한국 청년과 다른 한국 일행들과 함께 근처 식당에서 식사하며, 며칠 되지도 않았는데 벌써 힘들어하는 서로를 격려한다. 청년은 물리치료사가 직업인데 새로운 직장에 가기 전 시간을 활용하기 위해 고민하다가 이 길을 나서게 되었고, 옆에 있던 한국에서 이민 간 뉴질랜드가 국적인 아주머니들은 이 여정이 끝나면 아이슬란드까지 여행할 계획이라고 하니 참 대단한 사람들이다. 며칠 되지 않았는데도 한국 사람들과의 식사가 편안한 느낌이다.

| 바스크 지역임을 알려주는 벽화

Day 4 :

작은 성당의 천사
그리고
팜플로나

| 작은 성당의 종탑

♀ 8/28, 월

수비리(Zubiri) - 라라소냐(Larrasona) - 수리아인(Zuriain) - 아레(Arre) - 팜플로나(Pamplona), 21km

Ⅰ 우중

출발부터 비가 심상치 않게 내린다. 아침을 요구르트와 사과 한 쪽으로 때우고 가는 길에는 카페가 열린 곳도 없고, 퍼붓는 비를 피할 장소도 여의치 않다. 에스키로츠 방향 초반의 언덕길이 오솔길로 이어지다 다시 오르막과 넓은 목장지대를 몇 번씩 통과하기를 반복하며 길이 아르가 강변으로 계속 이어져 있다. 비 때문에 더욱 무거워진 듯한 배낭의 무게로 어깨와 다리, 허리가 무너져 내리는 듯하고, 부실한 아침 식사 때문인지 허기가 밀려오면서 벌써 다리에 힘이 풀린다. 거의 11km를 가서 이로츠 부근에 도착해서야 작은 다리를 지나 카페가 오아시스처럼 나온다. 다른 순례자들이 일찌감치 자리를 잡고 있는데 오리손에서 만났던 미국인 일행이 반갑게 아는 체를 한다. 토르티야라는 스페인식 오믈렛과 커피 한 잔을 주문해서 빈속을 달래니 소확행이라더니 정말 작은 것의 소중함이다. 창밖으로 비가 강가를 배경으로 계속해서 내리더니 구름이 조끔씩 걷히는 것 같다….

┃ 작은 성당의 천사

잠시 기운을 차린 후 길을 나서니 비가 그쳐 있다. 그러더니 뭉게구름과 함께 눈이 시릴 만큼 파란 하늘에서 스페인 특유의 강한 햇살이 내리쪼인다. 스페인에 들어온 이후 파란 하늘은 처음 본다. 산세나 초원의 배경이 달라서인지 한국의 맑은 하늘과는 조금 다른 느낌이기도 하다. 마을을 벗어나면서 길이 두 갈래가 나오는데, 평평한 아스팔트 길을 따라가는 길과 언덕길로 올라가는 길이다. 순간 언덕길로 가면 빨리 갈 수 있을 것 같아 그 길을 택하기로 한다. 하지만 언덕길을 오르는 5분 만에 가파른 경사 때문에 선택이 후회로 바뀌면서 헉헉거릴 즈음 왼쪽 길 너머 작은 교회가 보인다.

아주 아담하고 예쁜 정원과 함께 성당 입구에 몇 명의 순례객과 수녀님 같은 할머니가 이야기 중이다. 나를 보더니 오라고 손짓을 하신다. 얼떨결에 가니 스페인말로 뭐라고 하시는데 알아들을 수가 없다. 옆에 있던 스페인 학생인 듯한 아가씨에게 통역을 부탁했더니 교회로 들어와서 차도 마시고 구경도 하며 쉬었다 가라고 한다는 이야기다. 작은 교회로 들어가니 그레고리안 성가가 은은하게 울려 퍼지는 아담한 교회 내부에 작은 촛불들과 수많은 포스트 잇이 붙어 있다. 내가 한국에서 왔다는 사실을 알고 수녀님께서 한글로 된 〈순례자의 행복〉과 〈비유와 현실의 길〉이라는 순례자의 기도문을 주신다.

| 이로츠 부근 작은 성당의 수녀님

〈순례자의 행복〉

1. 행복하여라. 순례의 길이 눈을 열게 하여 보이지 않는 것도 볼 수 있게 한다는 것을 발견하는 순례자여.

2. 행복하여라. 목적지에 도착하는 것보다 목적지를 향해 함께 걸어가는 것에 마음을 두는 순례자여.

3. 행복하여라. 길을 명상할 때 그 길이 수많은 이름과 여명으로 가득 차 있음을 발견하는 순례자여.

4. 행복하여라. 진정한 길은 그것이 끝났을 때 비로소 시작한다는 것을 발견하는 순례자여.

5. 행복하여라. 배낭은 비어 있지만, 마음은 풍요로운 느낌들과 벅찬 감동으로 가득해진 순례자여.

6. 행복하여라. 옆에 있는 것을 돌아보지 못하고 혼자서 백 걸음 앞서 나가는 것보다는 한걸음 뒤로 가서 다른 사람을 돕는 것이 훨씬 더 가치가 있다는 것을 발견하는 순례자여.

…

이렇게 10번까지 이어지는 기도문이다.

〈비유와 현실의 길〉

이 여정은 당신을 '순례자'로 만듭니다.

산티아고의 길은 단지 어딘가에 이르기 위해 걸어야 하는 하나의 길인 것만도 아니고, 또 어떤 보상을 얻기 위해 치러야 하는 시험도 아니기 때문입니다.
　…
　이 길은 당신을 '단순함'으로 이끌어 줄 것입니다. 등짐이 가벼울수록 걸을 때의 부담이 덜어지는 체험으로부터 당신은 살아가기 위해 정작 필요한 것들이 그다지 많지 않다는 것을 이 길에서 체험하게 될 것입니다….
　피로하고 발에 물집이 잡히더라도 당신은 동트기 전에 일어나 새벽 전 캄캄한 어둠 속을 걸어가야 할 것입니다.
　…
　이 길은 당신을 부를 것입니다.

　기도문을 보니 내가 막연하게 이 길을 출발할 때의 "왜"라는 부분이 명료하게 정리되는 느낌이다. 아직 이 길은 시작이지만 순례자의 행복에 충실해 보고자 한다….

　나도 작은 촛불에 불을 붙이고 포스트잇 한 장에다 메모한다.

　"성가정과 가족들의 행복을 기원합니다. 2023.08.28. 스테파노"

수녀님과 학생을 따라 2층으로 향하는 좁은 원통형 계단을 따라 올라가니 마을이 내려다보이는 곳에 영화에서나 볼법한 아담한 종탑이 있다. 종을 치면서 소망을 이야기하라고 한다. 무심코 쳐본 울리는 종소리가 생각보다 큰 소리로 아래쪽 마을로 퍼져나간다. 종소리의 울림에는 많은 소망이 함께 어우러지며 퍼지는 듯하다.

할머니 수녀님은 순례길에서 만난 첫 번째 천사임이 분명한 것 같다.

| 팜플로나 가는 길

| 팜플로나 고성

중간에서 몇 번 길을 잘못 들어설 위기를 넘기면서 한참을 더 간 듯하더니, 큰 마을이 나와 팜플로나에 도착한 줄 알았는데 검색을 해보니 아직 아레(Arre)라고 한다. 여기서 아기자기한 도심을 지나 5km를 더 가야 한다. 아직 끝나지 않은 길이다. 너덜거리며 길을 따라가니 멀리 성처럼 생긴 건물 방향을 가리킨다. 숙소가 있는 지역은 고색창연한 '수말라까레기'라는 큰 문을 지나 언덕 위의 옛날 고성 안의 마을에 자리 잡고 있어 마치 중세 시대로 돌아간 듯한 느낌이다. 성 입구는 큰 해자도 있어 중세 시대에 적의 침입에 대비한 흔적이 남아 있다. 숙소가 있는 지역은 구도심이고 신도시는 평원 아래쪽으로 새롭게 조성되어 있다고 한다. 팜플로나는 나바라주의 주도로서 인구는 20만 명 정도로 우리나라의 도시에 비하면 많지 않은 숫자이지만, 계획도시로 도로망과 인프라가 잘 정비되어 있고, 건물의 신구 조화가 균형을 잘 이루고 있어 아름답고 살기 좋은 도시 모습이다.

숙소에 들러 체크인을 하는데 열정적인 주인장 아저씨가 맞아준다. 예약한 것 같은데 예약이 되어 있지 않다고 해서 난감했는데 마침 한 자리 남은 자리를 배정받을 수 있었다. 그때 지난번 오리손에서 만났던 아주 쾌활하던 경상도 아저씨가 반갑게 맞아준다. 저녁 식사는 일전 오리손에서 만났던 다른 한국인들이 묵고 있는 숙소의 주방에서 김치찌개와 와인으로 포식을 하며 힘들었던 하루를 마무리한다.

| 팜플로나 고성 입구

Day 5 :

페르돈 고개와 왕비의 다리

| 칼레의 대평원길

📍 8/29, 화

팜플로나(Pamplona) - 시수르메노르(Cizur Menor) - 사리키에기(Zariquiegui) - 페르돈(Perdon) 고개 - 우테르가(Uterga) - 오바노스(Obanos) - 푸엔테라레이나(Punte la Reina), 25km

▎페르돈 고개

 아침에 눈을 뜨려니 몸이 천근만근이다. 오늘은 페르돈 고개를 넘어야 하는 길인데 갈 수 있을까 잠시 고민한다. 하지만 머리를 따를 겨를도 없이 몸이 먼저 반응한다. 어제 중국상점에서 사둔 중국라면으로 아침을 해결하고 길을 나서니, 북적이던 밤 풍경은 온데간데없이 아침 길을 나서는 순례객들만이 여기저기 보인다. 다행히 비는 그친 것 같다. 아침에 비가 오지 않은 날은 처음이다. 공원 같은 나바라대학교 교정을 옆으로 지나 멀리 이어져 있는 언덕길을 따라 계속 올라가다 보니, 저 멀리 페르돈 고개와 풍력발전기의 모습이 아득하게 보이며 과거 치열했던 전투 현장이라는 대평원이 나타난다. 지금은 누렇게 변해버린 밀밭이 푸른 하늘을 배경으로 광활하게 펼쳐져 있고, 길 앞쪽으로는 검게 변한 해바라기 무리가 마치 전쟁에 지친 병사들처럼 끝없이 몰려 서 있다. 평원 끝에서 불어오는 바람은 아스라이 가을 내음을 싣고 지나간다. 시간이 지나 뜨거워지는 태양 아래서도 어김없이 계절의 변화가 오는구나….

| 페르돈 고개의 순례자 형상

귓전에서 맴도는 바람 소리는 뭔가를 말하려는 듯한데 아직은 교감이 되지 않았는지 알 듯 말 듯 하다. 바람과의 대화를 끝없이 시도하며 힘들게 페르돈 고개를 향해 올라가니 정상 부근에 철로 만

든 순례자상들이 지친 표정으로 나타난다. 말을 탄 사람, 걸어가는 사람들이 뭔가를 향해 같은 방향으로 이어져 있다. 사방 경관이 확 터져 있어 시야가 환해지지만, 정신없이 몰려오는 바람은 아직도 할 이야기가 많은듯하다.

우테르가로 향하는 내리막길은 심한 경사로 된 자갈길의 연속이다. 우테르가에서 점심 겸 휴식을 취하고, 무르사발을 지나 중세의 오래된 느낌이 나는 오바노스에서 잠시 다리쉼을 한다. 쏟아지는 한낮의 스페인 태양은 뜨겁고 강렬하다. 정열의 나라라는 별칭이 어울릴 만하다. 한국의 뜨겁지만 습한 여름과는 확연히 다른 느낌이다.

| 시수르 부근의 들판

I 푸엔테라레이나

　마침내 왕비의 다리라는 이름의 푸엔테라레이나 마을 입구가 보인다. 여기저기 알베르게 간판도 보이고 아기자기한 건물도 작은 강가 주위로 아담하게 앉아 있다. 마을 입구의 철제 조각상이 도착을 환영해 주는 듯하다. 며칠간의 고생도 보상할 겸 컨디션 회복을 위해 예약한 자그마한 호텔로 들어가 체크인을 하니 좋은 평점만큼이나 친절한 주인장의 안내가 마음에 든다. 작지만 깨끗하고 가성비가 좋은 느낌이다. 오랜만에 뜨거운 물에 오랫동안 샤워를 하고 젖은 솜처럼 무거운 몸을 누이니 몸이 스르르 반응한다. 편안함이란 가끔씩 아주 절실할 때 느껴봐야 그 소중함을 아는 것임을 다시 실감하게 된다. 시장기를 느끼면서 준비한 간식으로 급한 불은 꺼놓고 배낭의 짐을 모조리 펼쳐놓고 빨래를 대대적으로 한다.

　늦은 저녁을 위해 동네 한 바퀴를 돌다 레스토랑에 들러서 골목 길가의 자리를 잡고, 순례자 메뉴를 주문하며 메인으로는 비프를 주문한다. 풍성한 참치 샐러드에 맥주 한 잔과 디저트를 포함해서 15유로다. 가성비 최고의 훌륭한 가격이다. 옆에 있는 동네 아저씨, 아줌마의 유쾌하지만 뜻 모르는 수다를 들으며 스페인 특유의 낙천적인 분위기를 느끼면서, 골목골목의 오래되었지만 정갈한 길들을 산책한 다음 하루를 마감한다. 호텔로 돌아가는 길에 감기약과 립밤을 사기 위해 들린 약국 겸 작은 가게에는 마감 시간이 임박해서 할머니 한 분이 가게를 지킨다. 의사소통이 대단히 어려워 결국 감기약은 못 사고 립밤 한 개를 사고 나오려는데 할머니가 손짓 하시더니 막대 비스킷(아직도 용도를 정확히 모르겠다…)과 성모마리아 카드 한 장을 주시며 "부엔 까미노."라고 인사를 한다. 그 표정이 너무 정겹고 고맙게 느껴진다.

| 푸엔테라레이나의 다리

Day 6 :

바람과의 동행

| 마녜루 가는 길

📍 8/30, 수

푸엔테라레이나(Puente la Reina) - 마녜루(Maneru) - 시라우키(Cirauqui) - 비야투에르타(Villatuerta) - 에스테야(Estella), 23km

▎계절의 변화

아침 식사를 느긋하게 하고 마을 출구에 자리 잡은 왕비의 다리를 지나 오늘의 목표인 에스테야를 향해 길을 나선다. 순례자의 다리를 건너 곧바로 평원으로 접어드니 아직 오전이라 그런지 바람이 쌀쌀해 벌써 완연한 초가을 기분이다. 8월에 이국에서 가을바람을 접하니 시간과 공간에 대한 혼란으로 아직도 내가 이 길 위에 있다는 것이 생경한 느낌이다. 한국에서는 초가을로 접어들 때 불어오는 바람은 언제나 가슴을 시리게 했다. 언제부터인가 치열했던 여름이 물러갈 때 초가을 바람 끝에 묻어 있는 서늘함에서 속이 아린 기분이 드는 것은 한해의 끝을 미리 느껴서인 것 같기도 하고, 추억으로 지나가 버린 시절의 아련한 기억들이 소환되어서 그럴지도 모르겠다.

▮ 바람과의 동행

멀리서 커다란 벽처럼 생긴 거대한 산들을 보며 들어서는 들판에서 바람이 거세게 몰아친다. 해바라기 꽃이 이미 져버리고 밀밭에는 누른 줄기만 남은 끝없는 평원에서 세차게 바람이 불어오는데, 오늘은 처음부터 바람과의 동행인 것 같다. 뭉게구름을 뒤로한 맑은 하늘이 스페인 북부지역 고유의 초가을 하늘인지 높고 청명하다. 청명이란 단어는 어느 계절이고 다 가능하지만, 가을만큼 잘 어울리는 계절은 없는 것 같다.

길은 멀리 끝없이 굽이쳐 펼쳐지며 넓은 밀밭 위의 하늘과 구름과 맞닿아 있어, 사진에서 본 전형적인 까미노 길이 실제 눈앞에서 펼쳐진다. 길은 길을 잃지 않고 넓은 대지 위를 신통하리만큼 이어지며, 하늘 위로 향했다가도 다시 고꾸라지며 들판을 가로지르고 있다. 과거 로마인들이 많이 정착해서 살면서 재배한 로즈 와인이 유명한 곳이라는 마네루에서는 아쉽지만 커피 한 잔으로 와인을 대신하고, 바로 길을 재촉해서 다음 마을인 시라우키(Cirauqui)에서 샌드위치로 거친 점심을 한다.

시라우키 마을을 빠져나갈 때 어김없이 저 멀리서 묘지가 나타난다. 보통은 길가에 자리 잡고 있었지만, 이 마을은 특이하게 길 건너편 멀리에 자리 잡고 있다. 항상 마을에서 멀지 않은 공동묘지 정문은 커다란 십자가가 맞이하고 있고, 옆으로는 높다란 나무가 수호신처럼 지키듯이 서 있어 묘지 안을 편안하게 해준다. 서양인들의 인식에는 산 자와 죽은 자의 공간적인 거리가 없기 때문인지 조만간 자기도 그 자리에 안식할 것이라는 순응이 느껴지는 듯하다. 작은 다리 한가운데 있는 노란 화살표의 이정표가 순례자들에게 걱정하지 말고 이쪽으로 지나가라는 위안을 주고 있다.

| 시라우키 입구의 마을묘지

| 에스테야

지금까지도 그랬지만 마지막 3km 정도 남으니 다리 근육이 뭉치면서 잘 움직여지지 않는다. 나의 신체에는 이 시간이 Death Valley 구간인지 허기와 피곤이 한꺼번에 밀려온다. 기다란 마을 진입도로를 지나서 터덜거리며 들어가니, 마을 초입에 600~700년 이상 된 고색창연한 고딕 양식의 중후한 교회가 맞이한다. 마을로 향하는 아기자기한 다리와 푸른 작은 하천을 지나 건넛마을 중심 쪽으로 접어드니, 그림같이 작고 예쁜 도시가 조화롭게 펼쳐져 있다. 마을은 세월의 향기가 고스란히 보존된 고색의 교회와 강과 시가지, 집들과 골목, 공원이 어우러져 있고, 마을 전체를 내려보는 언덕 위의 십자가와 함께 자연스럽게 종교 자체가 생활화되는 분위기인 것 같다. 숙소에 도착해 수다스러운 주인장과 한바탕 인사를 하고 체크인을 마친 뒤 근처 바에 들러 시원한 맥주 한 잔으로 달게 목을 축인다.

잠시 한숨을 돌린 후 저녁 식사를 하기 위해 검색한 식당을 찾아 나선다. 여기도 어김없이 순례자 메뉴가 있어 고르는데 오리손부터 몇 번 만났던 한국인 일행들과 재회를 한다. 반가운 인사를 나누고 합석해서 며칠 되지 않은 그간의 과정을 무용담처럼 공유하는데 옆 테이블에도 젊은 한국인 3명이 있어 인사를 나눈다. 곳곳에 퍼져 있는 한국인 파워이다.

| 로르카 가는 길

Day 7 :

몬하르딘과
무인 구간

| 몬하르딘을 지난 무인 구간

📍 8/31, 목

에스테야(Estella) - 아예기(Ayegui) - 이라체(Irache) - 아스께다(Azqueta) - 비야마요르데몬하르딘(Villamayor de Monjardin) - 로스아르코스(Los Arcos), 22km

주인장과 작별인사를 하며 가지고 왔던 휴대용 접이식 의자를 기증한다. 보아하니 앞으로 품위 있게 의자에 앉아서 쉬기보다는 나무 그늘의 적당한 장소에 걸터앉는 편이 훨씬 자연스럽고, 더 중요한 것은 조금이라도 무게를 줄이는 것이다. 종이 한 장도 무거워진다는 말을 실감하면서 주인에게 인심도 쓰니 일석이조다. 마을을 벗어나는 오르막을 지나가다 입구에 브론즈로 만든 조형들이 사람들을 끄는 소품 가게가 있어 잠시 들르니, 옛날에는 대장간이었다고 하는 곳에서 지금은 쇠를 이용해서 솜씨 있게 만들어진 목걸이, 귀걸이, 기념품 등 각종 소품을 박물관처럼 진열해 놓고 있다. 대장간 예술가이다. 인상적인 것이 많았지만 몇 개라도 사지 않고 그냥 지나온 게 나중에는 아쉽기도 했다.

 길을 따라 계속 올라가니 커다란 포도밭이 나오며 보데가스 이라체(Bodegas Irache)라는 와이너리 표지판이 서 있고, 뒤로는 커다란 붉은색 벽돌 건물이 박물관처럼 서 있다. 건물을 지나니 순례길에서 아주 유명해진 공짜 와인 수도꼭지가 나온다. 순례객 몇몇이 모여 신기한 표정으로 와인 맛을 보고 있다. 과거 중세 시대부터 이 길을 지나는 순례객들에 포도주와 빵을 제공했다고 하는데 지금까지 그 전통이 이어지나 보다. 차마 오전부터 와인을 마시고 언덕길을 오를 자신이 없어 나는 그냥 pass 하기로 한다. 나중에 들어보니 수통에 와인을 채우고 왔다는 와인 마니아들도 있었다고 한다. 물을 술로 바꾼 기적인가 보다.

| 이라체의 와인 수도꼭지

▎몬하르딘

 이라체 지역을 지나 마을 벤치에 앉아 간단한 아침 요기를 하고 몬하르딘 지역 수도원 쪽으로 향한다. 오른쪽 아주 가파르고 높은 언덕 꼭대기에는 요새처럼 생긴 몬하르딘성이 미녀와 야수에서나 나올법한 자태로 일반인의 접근을 어렵게 하면서 자리 잡고 있다. '무어인의 샘'이라고 하는 고딕 양식의 독특한 건물을 지나는데, 어제 만난 교사라는 한국 젊은 여자가 발 물집을 치료하느라 고투 중이다. 이제 초반인데 벌써 물집에 고생하는 모습이 안쓰럽다. 하지만 쾌활한 표정을 보니 안심이 되기도 하지만 가지고 있던 밴드를 건네주고 계속 언덕길을 올라가니 언덕 정상에 마을이 보인다. 오늘 여정에서 가장 높은 지역인 비야마요르데몬하르딘 마을이다.

▎언덕 위의 몬하르딘성

다음 길이 소위 무인 구간이라는 12.5km 들판이라 대비를 해야 할 것 같아 마을 가운데 있는 카페에 들러 샌드위치와 콜라로 점심 요기를 한다. 원래는 구글에서 검색한 내용을 참고해서 여기 성당 근처에서 쉬면서 하루를 묵을까도 생각했는데, 내일 목적지까지의 시간이 너무 어중간해서 그냥 지나가기로 한다. 카페 바로 옆의 고즈넉한 성 안드레스 성당이 자리해서 들어가 보니, 아담한 정원과 로마네스크 양식이라는 교회 건축물이 조화롭다. 성당 안에 보관되어 있다는 대형 십자가는 금은 세공으로 되어 있어 대단히 가치 있는 작품으로 유명하다고 한다. 유럽의 이탈리아나 프랑스, 독일 등 다른 나라도 그렇지만 스페인은 수많은 교회 자체가 역사이며 예술인 듯해서 현대에 사는 사람들에게도 어렵지 않게 그 문화의 깊이를 느끼게 해준다.

| 길옆 알베르게의 순례자 물품

▎무인 구간

 마을을 떠나 내리막길을 가다 보니 들판 지역으로 들어선다. 때로는 초록색과 때로는 황갈색 들판이 파란 하늘과 흐드러지게 어우러지며 아름다움을 주는데, 들판 사이로 끝없이 이어지는 길은 이 순례길의 전형을 보여주는 듯 굽이쳐 이어진다. 아름다움이란 화려한 채색의 조화도 있겠지만, 밋밋하지만 거친 색의 넓고 깊음에서도 충분히 느낄 수 있는 것 같다. 하늘, 들판, 바람이 끊임없이 교감을 하고, 길은 길에서 길로 이어지고 연결되며 그렇게 산티아고로 가는 길이 만들어지는 것 같다. 공허함과 광활함이 이렇게 그림과 말로서 잘 어울릴 수도 있는지를 실감하게 된다. 정오가 지나면서 내리쬐는 태양을 피할 그늘이라곤 없다. 길에서 좀 떨어진 얕은 포도나무 그늘까지 가기엔 다리가 완강하게 거부한다. 어깨와 등 뒤로 쏟아지는 스페인 태양의 뜨거움을 그냥 느끼면서 계속되는 길을 그렇게 걸으니, 더 이상 복잡한 생각 같은 것은 머릿속에서 남아 있지 않게 된다.

▎로스아르코스

 들판으로만 이어진 긴 무인 구간을 겨우 지나 지쳐가는 몸을 끌고 로스아르코스 마을 표지판을 지나 숙소를 찾아 나선다. 예약한 곳이 별도로 없어 기다란 마을 가운데를 한참 지나고, 마을 광장에 있는 매우 높은 종탑의 위용을 과시하는 산타마리아 성당 앞의 다리를 건너 공립인 무니시팔 알베르게로 향한다. 지도가 가리키는 곳에 겨우 도착해서 사무실로 들어가니, 할아버지 봉사자들이 즐거운 수다를 나누면서 근무하고 있다. 영어도 곧잘 하고 한국에 대해서도 잘 알고 계신다고 한다. 혼자라서 그런지 다행히 침대가 있다. 숙박비도 8유로로 아주 착하다. 숙소 안은 거의 수용소 수준으로 불편한 시설이지만, 오늘 밤을 보낼 수 있는 장소가 있음에 더 이상의 바람은 사치인 것 같다. 몇 개 되지 않는 삐걱거리는 샤워장에서 대충 샤워를 마치고 무거워진 몸을 누인다.

| 로스아르코스의 산타마리아 성당

Day 8 :

귀마개와 인생 스테이크

| 아르마냔사스 언덕에서 본 풍경

♥ 9/1, 금

로스아르코스(Los Arcos) - 산솔(Sansol) - 토레스델리오(Tores del Rio) - 비아나(Viana), 19km

▮ 달과 태양과 길

오늘은 조금 일찍 길을 나서니 캄캄한 새벽길이지만 가고자 하는 서쪽 방향으로 커다란 보름달이 길을 비추어 주면서 발걸음을 편하게 해준다. 시간이 지날수록 뒤쪽으로는 여명을 헤치면서 9월 첫날의 태양이 주위를 붉게 물들이면서 떠오르는데, 뒤돌아보니 가는 길의 앞뒤로 일월이 뚜렷이 공존하는 묘한 장면을 연출한다. 산솔까지 가는 길은 계속되는 포도밭이 끊임없이 이어지며, 여기가 나바라 지역의 풍부한 와인 산지임을 확인해 준다. 약 7km를 계속 가서 산솔 마을 입구에 다다르니 여기도 교회가 제일 높은 언덕에

솟아 있어 마을을 지키듯이 서 있다.

　순교한 산 소일로(San Zoilo) 성인의 이름에서 유래했다는 이 작은 마을은 과거에는 수도원의 영지였다고 한다. 간단히 아침을 해결한 후 토레스 델리오 마을을 지나 계속 비아나로 향한다. 나지막한 오르막과 내리막을 계속 반복하니 목덜미를 뜨겁게 하는 태양은 파란 하늘과 구름 사이를 헤집고 사정없이 내리쬐기 시작하지만, 그리 사납지는 않은 느낌이다. 아마도 가끔씩 불어오는 바람과 시원해진 시야의 트임 때문인 것 같기도 하다.

　며칠 동안 길을 걸으면서 느낀 점은 길은 길로서 이어지고 만나서 반드시 마을에 이른다는 것이다. 당연하지만 내가 가는 길이 멀리 보이는 마을의 방향과 전혀 다른 것 같지만, 결국에는 그 방향을 서서히 틀면서 마을로 도착하는 것이 신기하기도 하였다. 길이 없으면 마을도 없을 터이니, 아니 마을이 없으면 그 길이 나지 않았을 수도 있을 것이다. 그 길은 과거와 현재, 그리고 미래의 시간과 공간의 흔적과 맞닿아 있다. 일찍 출발해서인지 오늘따라 마주치는 순례객들도 많지 않다.

　들판 위를 혼자서 오래 걸으면서 대지의 적막감에 아직 익숙지 않은지, 가끔씩 홀로인 느낌이 끝없이 이어질 듯한 생각도 든다. 사회적인 관계에 매여 있어 그 관계의 중요성에 대해 세뇌받듯이 학습하며 살아온 우리여서, 외롭다는 것이 마치 문제적 인간이나 단절된 고립과 연결되어 해석되는 경향이 있어왔다. 하지만 우리가 느끼는 외로움이나 고독에 꼭 서글프거나 초라해질 필요는 없을 것 같다. 많은 시간을 자신과 동행하며 함께 보낸다는 것도, 타인과 부대낌 이상으로 매우 소중한 기회일 것이다. 그러고 보면 자기 자신도 분명히 동행할 수 있는 사람의 대상이 될 수도 있을 것 같다. 더군다나 여기 이렇게 엄청난 대지와 하늘과 바람들이 같이 가준다면 전혀 외로울 필요가 없다.

▎비아나

마침내 비아나에 도착해서 점심을 해결하려 많은 사람이 지나가는 길가에 자리를 잡는다. 먼저 도착한 순례객들 일부는 벌써 간단한 요기를 끝내고 로그로뉴로 향한다. 주문한 토르티야 맛이 별로 친절하지 않은 주인장 인상만큼이나 오늘따라 별로이다. 반도 먹지 못하고 잠시 쉬기 위해 예약해 둔 숙소로 향해 뒷골목에서 발견한 숙소 간판을 확인하고 들어가려니 문이 굳게 닫혀 있다. 전화를 하니 사정없이 스페인 말로 뭐라고 하는 주인과 실랑이를 하는 사이 갑자기 문이 열린다. 주인은 바로 옆집에서 아마 낮잠을 즐기다 전화를 받은 모양이다. 겨우 체크인을 끝내고 마을 중심가로 다시 나오니 시에스타 시간이라 음식점과 식료품 가게는 모두 문을 닫았다. 요깃거리를 해결할 만한 장소를 찾아 구글로 검색하니 바로 근처에 맛집이 있다고 해서 한달음에 거기로 향한다.

식당 안으로 들어가니 카운터 쪽에는 맥주와 안줏거리만 놓여 있고 식사는 주문받지 않는다고 한다. 저녁 식사는 9시부터라고 시간이 쓰여 있다. 세상에 저녁을 9시에 먹으면 몇 시에 잔다는 것인지…. 스페인 사람이 아니라서 그 바이오 리듬을 이해하기가 쉽지 않지만 다른 방법이 없다. 할 수 없이 맥주 한 병과 진열된 꼬치같이 생긴 안주 몇 개를 주문해서 다시 길가의 좌석에 자리 잡는다.

잠시 후 테이블에 올려진 살짝 데워서 나온 훈제 꼬치 요리를 먹어보니 맛이 범상치가 않다. 배가 고파서일까…? 옆에 있는 다른 꼬치도 역시 환상적이다. 고기를 숯불에 구웠는지 훈제했는지 모르겠지만, 오일을 바른 곳 위에 굵은 소금을 그냥 거칠게 뿌린 맛이 감탄스럽다. 곧바로 프런트로 가서 저녁을 예약한다. 아무리 늦은 9시의 저녁이라도 이 집의 메인요리를 꼭 맛봐야만 할 것 같았다. 빨래를 마치고 길 쪽으로 난 화분 옆의 빨랫줄에 속옷까지 만국기처럼 자랑스럽게 진열해 놓고 해바라기를 한다.

| 비아나의 산페드로 호스텔 복도 그림

| 귀마개와 인생 스테이크

저녁 장소로 가려는데 갑자기 비가 쏟아진다. 여기 날씨는 변화 속도가 가늠이 안 될 정도이다. 판초로 완전 무장 하고 비를 헤치며 식당에 도착해서는 지하로 안내를 받는다. 메자닌 같은 중간 지하를 지나니 커다란 스테이크 화덕에서 스테이크 특유의 식욕을 자극하는 냄새가 연기와 함께 심하게 오장육부를 자극한다. 반 층 더 내려가니 와인 창고 겸 식당 테이블이 재미있게 배치되어 있다. 내 자리는 커다란 4인 테이블에 예약이라는 명패와 함께 단정하게 1인용 포크와 나이프가 준비되어 있다. 고객들은 사람 키만 한 대형 와인 저장고 오크통에서 수도꼭지를 틀면 쏟아지는 와인을 재미 삼아 음미하며 즐기고 있다.

마침내 주문을 받으러 아저씨가 나타난다. 하지만 스페인어 only…. 메뉴판을 보니 역시 스페인어로 가득…. 까막눈이라 구글 번역기를 돌리자니 지하라서인지 인터넷이 불통…. 서로 당황한 두 사람 눈이 마주친다. 이때부터 만국 공통어인 몸짓 언어와 생존을 위한 몇 가지의 단어 조합이 시작된다.

샐러드…? 아…. 오케이 사라드…! 통과~
스테이크? 아, 스테이크 오케이, 통과~ (레어, 미디엄, 웰던은 알아서 하서…)
레드와인…? 노 오케이…? 통과~
그럼 비노? 아…. 비노? 오케이! (레드와인이 비노인데) 아무튼, 통과~
아저씨는 엄지손가락을 치켜세우며 OK! 소통 끝.

메뉴를 기다리는데 옆 테이블 단체석이 시끄러워진다. 중국 사람들이다. 아마도 이 동네 중국 사람들의 주말 모임인지 아니면 중국 단체 관광객인지는 모르겠다. 이런 작은 마을에도 중국 사람들이 이렇게 많이 모여들다니 정말 숫자가 많은 민족임에 틀림이 없다. 옆쪽 단체석 같은 커다란 테이블을 차지한 20명쯤 되는 남자들끼리 중국인 특유의 초고성 대화가 이어진다. 지하실이 동굴 같아서 계속 울려서인지 그 소리가 점점 높아진다. 소리가 서로 겹쳐 대화가 어려울 것 같은데 서로 더 소리를 높여 소리 지르니 정신이 하나도 없다. 그 와중에 건배 소리가 바이주 대신 와인으로 연신 칭칭…!
앞쪽에 있는 스페인 가족들은 큰 소리가 거슬림에도 크게 내색하지 않고 식사를 한다. 한국 같았으면 싸움이 나도 몇 번은 났을 텐데….

드디어 테이블에 스테이크, 샐러드와 와인이 도착한다. 그런데 어마어마하다.

샐러드에는 정어리 같은 생선과 야채가 가득한 올리브와 최고의 조합을 이루고, 스테이크는 극강의 두툼한 티본 스테이크인데 화덕에 갓 구워 나와 미디엄 레어 정도의 굽기에 그 육즙이 그득해서 순례길에 나선 이래 입이 최고의 호사를 누린다. 많은 스테이크를 먹어봤지만 단연코 최고의 맛이다. 집 식구들 생각이 난다. 하지만 이런 맛을 와인과 함께 폼 나게 음미하자니 시끄러운 옆 테이블 소리에 도저히 제대로 먹을 수가 없다.

주머니를 뒤져보니 마침 잠자리의 소음 방지용 귀마개가 있다. 귀를 깊이 틀어막고 다시 먹기 시작한다. 귀마개를 한 채 스테이크 식사라니…. 생전 처음 겪는 엄청난 부조화다…. 양이 너무 많아 눈물을 머금고 3분의 1 이상은 남긴다. 앞으로 며칠은 남겨놓은 스테이크가 눈앞에서 아른할 것 같다. 식삿값을 계산하니 40유로 정도로 우리 돈으로 6만 원 내외. 어느 일류 호텔 스테이크 집보다 훨씬 나은 맛과 맛있는 샐러드와 와인이 합해서라니…. 이 순례길의 착한 음식값에 다시 한번 감사한다….

10시가 넘어 숙소로 돌아와 소화가 안 될 것 같아 뒤척이다, 언제인지 모르게 불도 켜놓은 채 곧바로 곯아떨어진 것 같다.

| 비아나의 레스토랑에 세팅된 자리

| 비아나 레스토랑의 와인 저장고

Day 9 :

작은
도둑질

| 다가오는 짙은 먹구름

📍 **9/2, 토**

비아나(Viana) - 로그로뇨(Logrono) - 나바레테(Navarrete), 22.5km

▍순례길의 작은 도둑질

새벽부터 천둥소리와 번개가 요란하더니 출발 즈음에는 아예 폭우가 쏟아진다. 판초와 비바지로 완전 무장하고 길을 나선다. 어둑한 날씨에 길바닥이 그냥 물길이 되어 구분이 안 되어서, 노란 화살표의 이정표를 더듬어 가며 1차 목표지인 약 10km 지점의 로그로뇨로 향한다. 어제 로그로뇨까지 가야 했었나 하는 후회도 조금 했지만, 지난밤의 인생 스테이크 생각을 하며 이내 그 생각을 접는다. 가는 길에는 사방 지천으로 포도밭이다. 누군가가 지나가다 먹어본 포도 맛이 기가 막힌다는 말이 생각이 나고 목도 마르고 해서,

몇 번 망설이다 길옆의 포도밭에서 몇 알을 따서 먹어본다. 알이 조그마한 게 목을 넘자마자 단맛이 정말 풍부하다. 조금 더 가다가 이젠 아예 포도 한 송이를 따서 먹으면서 가는데 목이 마르고 허기진 데는 달콤한 포도가 제격이다. 주님, 십계명을 어긴 배고픈 어리석은 양을 용서하소서….

로그로뇨

로그로뇨 근처에 도착하니 커다란 강이 아침에 내린 비로 물이 불어나서 맹렬히 흐르고 있다. 다리가 끝나는 지점에 순례자 봉사자들이 근무하는데, 가고자 하는 방향이 확실하지 않아 길을 물으니 비를 맞으면서도 길가까지 나와서 방향을 안내해 준다. 도착한 로그로뇨는 스페인에서 가장 작은 자치구인 라리오하주에 속에 있지만, 상당히 큰 도시인 것 같다. 며칠 전 지나온 팜플로나를 연상할 만큼 많은 편의시설과 호텔, 음식점들이 즐비해 있어, 순례객들이 비아나를 지나 굳이 여기까지 와서 숙소를 정하는 이유를 알겠다. 비를 많이 맞아 지친 데다 시장기가 동해 아직 이른 시간이지만 문을 막 열고 있는 처음 만난 가게로 들어가 자리를 잡는다.

잘생긴 주인아저씨에게 아침 겸 점심으로 샌드위치와 커피를 주문하고 떠날 때 가져온 과일 몇 쪽으로 식사를 한다. 옆에는 네덜란드에서 왔다는 아주머니가 동료를 기다리며 힘든 표정으로 휴식을 취하고 있다. 주인은 우리에게 어제 내린 큰비로 지역의 매우 중요한 축제가 제대로 열리지 못했고, 나바레테로 가는 길 중간에 물이 넘쳐 갈 수 있을지 모르겠다고 걱정해 주며 어제 방송된 유튜브 영상을 보여준다. 차도 밑의 통로는 인도인 것 같은데 물이 폭포수처럼 넘쳐 들어가서 그쪽으로 들어가기가 쉽지 않은 모습이다. 아무래도 배가 필요할 것 같다고 하며 같이 걱정스레 웃는다.

| 로그로뇨의 카페

▍물웅덩이와 징병제

  가는 길의 군데군데 물이 고여 지나가기가 쉽지 않다. 그라헤라 공원에 있는 커다란 호숫가에는 비가 오는데도 백조와 오리 떼들이 모여 여유롭게 거닐고 있고, 물에 젖은 아름드리나무와 함께 길은 질퍽해져 있지만 고요하고 평화로운 모습이다. 아까 식당 주인이 이야기한 장소 같아 보이는 터널 같은 통로는 진흙탕으로 가득 찬 흔적이 있지만, 다행히 물이 어느 정도 빠져 지나갈 수는 있어 보인다. 언덕 정상 쪽으로 난 가파른 길을 지나 물웅덩이를 아슬아슬하게 피해 가다 보니 나무 밑에서 비를 피하는 젊은 미국인 일행들이 보인다. 스페인 학생처럼 보이는 남녀는 반바지 차림으로 산책하듯 쏟아지는 빗속을 경쾌하게 앞서나간다.

  목적지를 약 3km 정도 앞두고 최대 난관을 만나게 된다. 약 20m가 넘어 보이는 길이의 도로가 왼쪽의 고지대에서 흘러내리는 빗물에 웅덩이처럼 물이 고여 있다. 깊이가 족히 30~40cm는 되어 보인다. 앞서가던 젊은 남녀가 고민하더니 왼쪽 창고 건물 경계선의 철조망을 잡고 5cm도 안 돼 보이는 철조망 버팀대를 딛고 스파이더맨처럼 철조망에 붙어서 악천 고투하며 더디게 지나간다. 순간 나도 고민을 한다. 바지와 신발을 벗고 물속으로 지나갈 건지 저 사람들처럼 제법 먼 거리를 매달려 갈 건지….

  비가 내리고 있는 여기서 판초와 신발, 바지, 양말을 벗고 지나가기에는 너무 번거롭고, 갈아입는 동안에 속옷을 모두 버릴 것 같다. 잠시 후 나도 같은 모양으로 스틱을 양팔에 건 채 손에 잔뜩 힘을 주고 옛날 유격 훈련 받던 기분으로 청년 뒤를 바짝 쫓아간다. 거의 끝나는 지점에 아주 힘든 표정으로 도착한 젊은 학생들이 헐떡이는데, 자기들과 거의 동시에 도착하자 놀란 듯 힐끔 쳐다본다. 팔다리가 마구 후들거리지만 나는 힘든 내색 하지 않고 가뿐한 척 내려선다.

"대한민국 올빼미 도하 완료!" 봤지?

뒤에 오던 미국 친구 중 한 사람은 포기한 듯 과감하게 신발과 바지를 입은 채 물속으로 첨벙첨벙 걸어오고, 일부는 계속 망설이고 있고 몇몇은 스파이더맨 자세를 취할 준비를 한다. 한참을 가도 뒷사람들이 보이지 않는다. 징병제가 모병제보다 나은 점도 있나 보다….

숙소에 도착하니 먼저 와서 자리를 잡은 일행들이 유쾌하게 수다 중이다. 프랑스 아주머니 일행인 줄 알았더니 알고 보니 캐나다 퀘벡에서 왔단다. 조금 있으니 엄청난 덩치의 사이클 복장을 한 남자가 도착한다. 이 사람은 미국 횡단 이후에 일본으로 가서 코스를 완주하고 한국에도 와서 2주 이상 사이클링을 한 다음 유럽으로 와서 산티아고 자전거 길을 완주하려고 한다. 세상에는 자기와의 도전에 정말 진심인 대단한 고수들이 많은 것 같다.

| 나바레테 마을 앞의 순례자 모양 포토존

Day 10 :

작은 마을
아소프라

| 성당 벽면의 십자가

9/3, 일

나바레테(Navarrete) - 벤토사(Ventosa) - 나헤라(Najera) - 아소프라(Azofra), 23km

벤토사까지 7.6km는 언덕길을 넘어 양쪽에 지천인 포도밭을 계속해서 따라 연결된다. 라리오하주는 스페인에서 가장 유명한 와인 생산지대라고 한다. 특히 레드와인은 그 훌륭한 맛에 가성비도 좋으니 이 순례길을 걸으며 누릴 수 있는 작은 특권이다. 처음 만난 카페에서 커피 한잔을 하며 정신을 차리고, 내리기 시작하는 비를 대비해 배낭과 옷차림을 재정비해서 다시 길을 나선다.

▮ 나헤라의 중국집

과거 라리오하의 주도였다는 나헤라 시내로 들어서니 조금 북적거리는 편이다. 로터리를 지나가려다 '환영 광림'이라는 중국에서 흔히 보던 간판이 눈에 들어온다. 낯설지 않은 기분에 별로 망설이지 않고 들어가 식사 주문을 해본다. 근데 여기도 외모는 중국인인데 스페인 말만 하고 있다. 메뉴로 완탕과 교자를 시키려 하는데 한참 뭐라고 설명을 한다. 내가 선택한 만두가 없다는 소리인 것 같아 다른 메뉴로 주문한다. 먼저 시원한 맥주 한잔을 하며 기다리던 음식을 먹기 시작하는데 배가 고픈데도 음식 맛이 중국 음식 같지가 않다. 간이 밋밋해서 배웠던 중국어 기억을 되살려 가며 중국말로 고수와 매운 장을 달라고 하니 약간 놀란 표정을 지으면서 고수는 없단다. 고수가 없는 중국집이라니…. 중국 본토에서 알았으면 당장 난리가 날 텐데…. 스페인, 그것도 북부지역의 시골에 자리 잡아 현지화된 것으로 이해해 줄 수밖에 없다. 기대했던 시원한 완탕 국물까지는 안 되지만, 국물 요리에 목말라 왔던지라 짝퉁 맛이라도 감사히 해치운다.

| 라리오하 와이너리 앞의 이정표

| 아소프라

 낮술로 맥주도 한잔하고 다리도 뻐근해지면서 나헤라에서 6km를 더 가는 길이 힘들다. 이 지역의 특색을 보여주는 붉은색을 띠는 흙으로 된 언덕길의 마지막 오르막을 오르려니 발걸음이 천근만근이다. 겨우 예약해 둔 숙소에 도착하니 문이 잠겨 있어, 한참을 벨을 눌러대니 먼저 와 있던 미국인 투숙객이 나와 문을 열어준다. 키를 받으려면 길 아래편에서 식당을 같이 운영하는 집주인을 만나야 한다고 해서, 다시 식당으로 가서 주인을 만나 겨우 체크인을 하고 한숨을 돌린다. 잠시 쉬다가 저녁 해결을 위해 집주인이 운영하는 식당으로 다시 이동하니 동네 노인들이 사랑방처럼 모여서 이야기 중이다. 서구가 다 비슷하지만 여기서도 동네 식당이 사랑방이며 경로당이며 마을회관 구실을 하는듯하다. 어디를 가도 식당 여기저기에는 동네 사람들이 모여 TV도 같이 보며 담소를 나누면서 시간을 보내고 있다.

테이블에 앉으려는데 아까 문을 열어준 미국인 부부가 들어서더니 나를 보며 같이 식사하자고 한다. 50대 후반의 젊은 나이인데 일찍 은퇴하고 부부가 같이 순례길에 왔다고 하는데 미국의 일리노이주에 거주한단다. 그쪽 어바인 샴페인 쪽에 한국 사람 많지 않으냐고 하니 잘 알고 있다고 하며, 부부가 모두 가톨릭 신자인데 표정이 맑아 옛날 TV에서 보던 월턴 내 사람들을 연상하듯 아주 선한 느낌이다. 자기들은 비로 여기까지 오는 길이 좋지 않다는 이야기를 듣고 버스로 왔다고 한다. 조금 있으니 호주에서 온 목소리 큰 유쾌한 부부, 아일랜드 할머니, 또 다른 미국인 아저씨 등이 우리 주위로 자리 잡으며 점점 판이 커진다. 서양인들은 혼밥은 정말 싫어하나 보다.

| 알레산코의 전설이 담긴 돌기둥 검

Day 11 :

길 그리고
그라뇽의 감동

| 끝나지 않을 것 같은 길

📍 9/4, 월

아소프라(Azofra) - 시루에냐(Ciruena) - 산토도밍고데라칼사다
(Santo Domingo de la Calzada) - 그라뇽(Granon), 22km

┃길

아침에 일어나니 몸이 한결 가벼운 느낌이다. 마을을 빠져나가자마자 들판 사이로 이리저리 길이 끝없이 이어진다. 시루에냐까지 가는 길은 포도밭과 멀리 보이는 들판 그 자체다. 황갈색의 넓은 벌판 한가운데로 뻗은 길은 한가운데로 영원히 갈듯하다가 서서히 방향을 틀면서, 왼쪽과 오른쪽으로 그 굽이를 내보이며 지평선 같은 언덕 끝 순례객의 모습을 개미만 하게 만들어 버린다. 이런 길은 앞으로 다가갈수록 끝없이 이어지고, 오르막을 만나면 내리달아 하늘로 가는 계단처럼 맞닿아 있다. 언덕길을 넘으면 다시 양쪽으

로 누렇게 변한 들판 한가운데 해바라기밭이 섬처럼 자리 잡으며, 그 둘은 만나서 다시 이어지며 바다 같은 장면을 만들어 버린다. 걸으면서 지평선을 접한 경험이 별로 없기에 아직도 익숙하지 않은 비현실적인 장면에 넋을 잃는다.

 길을 걸으면서는 다른 상념이 별로 없다. 그동안 걸으면서 가장 많이 든 생각 중의 하나가 길이라는 의미인데, 되새겨 보자니 거기에는 중의적인 여러 가지 뜻이 있는 것 같다. 우리가 목적지를 향해 걸어가는 물리적이고 공간적인 길, 학창시절 교과서에 나오던 프로스트의 〈가지 않은 길〉처럼 인생행로와 같은 추상적인 길, 배움이나 방법, 방도와 같은 길, 윤동주 시인의 〈새로운 길〉에 나오는 "어제도 가고 오늘도 갈/나의 길 새로운 길"처럼 시적 상징적인 길….

 루쉰 선생의 〈고향〉이란 소설에서 "희망이란 땅 위의 길과 같다. 원래 땅 위에는 길이 없었다. 가는 사람이 많아지면 그게 곧 길이 되는 것이다."라고 한 표현을 좋아한다. 하지만 내가 살아왔던 행로가 그런 용기를 가지고 살아오지는 않았던 것 같다. '이제라도 그런 길을 갈 수가 있을까? 그럴 필요가 있을까?'에 답할 자신은 없다.

 이 길을 걷다 보면 어느 음악방송의 "길에게 길을 묻다."라는 말이 생각나기도 한다. 처음 들었을 때는 작가가 말을 만들기 위한 레토릭 정도로 생각했는데, 실제 내가 길을 가고자 하는 것이 왜일까 하는 생각이 계속 떠오르는 것이, 정말 나 자신에게 반문해도 사실 잘 몰라서 길에게 묻고 싶은 충동이 드는 것도 사실이다.

시루에나 초입에 다다라서는 골프장과 리조트 같은 주택단지가 조성된 현대적인 도시와 갑자기 마주치며 잠시 다른 세상에 온 것 같다. 매끈한 자동차와 잘 가꾸어진 정원, 밖에서도 보이는 실내의 조명등 들이 아주 낯설게 보인다. 며칠 만에 생긴 세련된 문명과의 거리감이라고나 할까? 중간 마을이 있긴 했지만 무작정 걷다 보니 3시간 이상을 걸어왔다. '산토도밍고데라칼사드'라는 이름도 긴 마을이지만 종교적으로 유서가 깊고 닭의 전설이 있는 큰 성당도 자리 잡은 도시이다.

대성당은 상당히 큰 규모로 성인들의 묘가 안치되어 있고 높다란 탑은 몇 번이나 증축되어 그 높이가 70m 정도 된다고 한다. 벌써 15km를 쉬지 않고 걸어와서 다리쉼을 하고 허기도 달랠 겸 잠시 쉬어간다. 며칠 걷는 동안 조금씩 익숙해졌나 했더니 허벅지와 무릎관절이 아파져 오기 시작한다. 한 번에 오래 걷다 보니 무리가 온 것 같다. 앞으로도 갈 길이 먼데 여기저기 몸이 주는 경고 시그널에 신경이 쓰인다. 막 갈아낸 오렌지 주스와 간식으로 배를 채우고 호흡을 가다듬는다. 여기서는 오렌지 주스를 주문하면 기계에다 오렌지 몇 개를 통째로 넣어서 바로 내어주니 그 당도가 훌륭하고 떨어진 에너지를 보충하기에 제격이다. 마을 중간의 청동으로 된 조가비와 배낭, 신발, 자전거 모습의 인상적인 조형물을 뒤로하고 목적지인 그라뇽으로 향한다.

| 다리 위의 이정표

| 그라뇽

그라뇽에 도착하여 교회 안에 같이 있다는 공립 알베르게를 찾아 헤매다 동네 아저씨 도움으로 작은 입구를 겨우 찾아 들어간다. 입구가 좁아 밖에서는 찾기 어려운 구조이다. 수속을 하러 올라가는 계단 옆쪽 커다란 방에 매트리스가 쭉 깔려 있길래, 설마 저기가 숙소는 아니겠지 하고 올라갔지만 잠자는 곳은 거기라고 한다. 맞이해 주는 인상이 좋은 봉사자는 산티아고 순례길을 옮겨 다니며 봉사하는 미국인 아주머니다. 공간에 대한 안내를 해주는데, 숙소인 방은 거의 체육관의 수용소 같기도 하고, 남, 여 욕실이 각 한 개, 화장실도 두 군데다. 여기는 숙박비를 받지 않고 기부제로 운영한다지만 얼핏 봐도 좀 열악하다. 하지만 길을 나서면서 항상 호텔 같은 시설을 기대한 사람은 없으니 감사히 받아들인다.

6시부터 숙소에 온 사람들이 함께 저녁준비를 한다고 하는데 아직 시간이 있어, 건너편 바에서 샌드위치와 맥주 한 잔으로 점심을 대신하고 잠깐 들어와 쉰다. 저녁준비를 한 후 미사까지의 여유시간에는 마침 봉사자인 미국인 아주머니가 브라질 여자와 나가다가 같이 와인 한잔하자고 해서, 건너편 가게로 다시 가서 자리를 잡은 후 정식으로 통성명과 호구조사를 시작한다. 봉사자 아주머니는 67세인데 까미노 경험이 이미 5번, 60세인 브라질 아줌마는 처음이란다. 봉사자들은 여기서 일정 기간 기여를 하다 다른 장소로 옮겨 다시 거기서 순례자들을 위한 봉사를 한다고 하니 쉽지 않은 역할일 것이다. 브라질 아주머니는 현재 직장에 다니면서 휴가를 내서 왔다고 하며, 이번에는 레온까지만 목표라고 하고 내년에 동생 부부와 함께 다시 도전할 생각이란다. 의외로 멀리 브라질 등 남미에서도 이 까미노를 나서는 사람들이 적지 않은 것 같다.

| 그라뇽 성당에서 저녁을 준비하는 순례자와 봉사자 레이첼

▎생각지 못한 감동

　이번 순례길에서 론세스바예스에 이어 두 번째로 미사에 참여했다. 역시 무슨 말인지 이해 못 하지만 신부님이 단하로 내려와서까지 열정적으로 강론을 진행한다. 또 한 번 영성체를 영하면서 무탈함에 대해 기원을 청한다. 신부님은 순례자들을 앞으로 불러내어 강복을 해주시고 앞으로 여정의 무사함에 대한 기도도 이어진다.
　저녁에는 내 옆자리에 우리 아들과 같은 나이의 앳된 얼굴의 예비수사가 같이 앉아 식사하는데, 아까 나의 매트리스 옆자리에 조용하게 있던 사람이다. 모두 자기소개와 함께 단출하지만 즐거운 식사를 하며 분위기가 아주 훈훈해진다. 저녁 식사가 약 40여 명의 참여와 환담으로 이어지고, 식사 후 모든 사람이 분담하여 설거지와 뒷정리를 한다. 많은 사람이 일렬로 서서 하다 보니 여기저기 번잡스럽지만, 마치 수련회에 온 것 같기도 하며 가족 같은 분위기가 연출된다. 이 교회에서 원하는 것도 서로 모르는 사람들이 만나 같이 이해하고 하나가 되는 그런 자리인 것 같다.

마지막 순서로 원하는 사람들은 성당 2층으로 가서 준비된 타원형으로 배치된 촛불 사이의 의자에 앉아서 작은 세리머니가 이어진다. 이 순례 여정에 대한 기도가 3개 국어로 이어지고 잠시 불이 꺼지면서 정면 단상의 금빛 예수님과 마리아상의 조명만 켜지더니 엄숙한 분위기가 이어진다. 20명 정도의 참석한 사람들이 각자 자국어로 한 사람씩 커다란 초를 들고 기도를 한다. 가족의 사랑과 앞으로의 삶에 대해 기원이 많은 것 같다. 한국 사람은 나 혼자라 편한 마음으로 우리말로 바라는 기도를 하며 동참한다. 기도가 끝나고 모두 한 사람씩 포옹을 하며 오늘 행사의 막을 내리는데, 모두 가슴 뭉클한 표정으로 행복한 미소를 나눈다. 참으로 예상하지 못한 감동적인 시간이다.

Resistance(인내하라)

포기하지 말라,
삶이 때로는 상처를 주고,

시간이 당신의 적인 것처럼 보이더라도….

포기하지 말라,
당신의 눈물이 아무리 얼굴과 가슴속 깊이 흘러내리고,
당신이 사랑하는 사람과 아무리 멀어지더라도….
지금 사랑이 다가갈 수 없는 갈망에 그치고,
슬픔과 추억 때문에 두렵고 아프고 외롭더라도….

포기하지 말라,
당신은 아직도 할 수 있고,
싸울 수 있고, 웃을 수 있고, 희망을 가질 수 있어,
필요할 때 몇 번이고 일어설 수 있기 때문이다.

당신의 팔은 여전히 많은 포옹을 해줄 수 있고,
당신의 눈은 아직도 기적 같은 장엄한 풍경들을 볼 수 있을 것이다.

당신이 거울에 비친 당신의 모습을 볼 때
당신 속에 있는 아름다움을 알아채지는 못할 것이다.
하지만 하느님은 볼 수 있으시다.
하느님은 당신을 잘 알고 있고, 끝까지 믿어주신다.
그는 당신이 날개를 다친 새처럼 더 이상 날 수 없을 것 같아도,
치유하여 다시 비상할 수 있음을 알고 계신다….

포기하지 말라,
당신을 사랑하는 누군가가
아무런 조건 없이
당신을 믿고 불러주시기 때문에.

Jose Maria Rodriguez Olaizola sj

* 위 내용은 그라뇽 성당에서 건네준 영어로 된 기도문을 임의로 번역한 내용임

| 그라뇽 성당에서의 저녁 미사

Day 12 :

많은 인연

| 토산토스의 언덕길

📍 9/5, 화

그라뇽(Granon) - 벨로라도(Belorado) - 토산토스(Tosantos) - 에스피노사델까미노(Espinosa del Camino), 25km

▎동행인

교회에서 제공하는 소박한 빵과 주스로 아침을 해결하고 미국인 봉사자인 레이철에게 감사의 인사를 한 뒤 길을 나선다. 앞서가는 사람을 보니 어제 레이철과 같이 와인 한잔했던 브라질 아줌마 솔란지(발음이 매우 어렵다)이다. 그녀와 앞서거니 뒤서거니 하면서 이야기를 나누다 보니, 브라질 리우데자네이루에서 사는데 아버지는 이탈리아 사람이며 자신은 이중 국적을 가지고 있단다. 그래서 자국어인 포르투갈, 이탈리아어는 물론이고 영어, 스페인어도 아주 유창하다. 시니어이지만 아직도 브라질에 있는 외국계 회사에서 비서(secretary) 일을 하면서 바쁘게 지내고 있고, 대가족이어서 조카들을 포함해 주말에 모든 가족이 모여 식사하고 어울리는 게 가장 즐거운 생활 중의 하나라는 쾌활하고 낙천적인 성격이다. 하지만 기도할 때 보니 그 신심이 충분히 느껴질 정도로 독실한 것 같다.

레데시야델까미노로 향하다 보면 부르고스주의 경계표시가 나오며 라리오하주의 끝을 알리고 있다. 까미노에서 세 번째로 만나는 주이다. 부르고스주는 스페인에서 가장 큰 자치구인 카스티야레온주에 속해 있는 주이다. 중간에서 만난 산타마리아 성당에서 잠시 쉬며 내부를 둘러보고 묵상한 뒤 다시 길을 나서니 또다시 밀밭과 해바라기밭이 끝없이 이어져 있다. 나바라 지역의 해바라기는 그 얼굴이 까맣게 변해 있더니 여기의 해바라기는 아직 노란색을 많이 띠고 있어 멀리서 보면 유채꽃처럼 화려하게 어우러져 피어 있다.

길을 지나가다 보게 된 나무로 된 벤치에는 이렇게 쓰여 있다.

당신은 이 Camion 길에서 주저앉은 적이 있는가?
용기를 내서 계속 가라.
계속 가면 당신이 필요한 누군가를 만나게 될 것이다….

지치고 약해지는 순례자들의 마음을 다시 다독여 주는 그런 문구인 것 같다.

| 나무 벤치에 쓰여 있는 글귀

| 독일인 알베르게

벨로라도와 토산토스를 지나 오늘 목적지인 작은 마을 에스피노 사델까미노에 도착한다. 어제 알베르게를 검색하다 보니 작지만 깔끔한 곳이라고 해서 예약해 둔 숙소이다. 체크인하려니 주인인 독일 출신 부부가 맞아준다. 나이가 꽤 들어 보이는 할아버지(알고 보니 나와 동갑이다. 세상에…)와 독일 사람 특유의 까칠하면서도 정확함이 몸에 배어 있는 부인 아주머니가 열심히 숙소 편의시설 및 지켜야 할 원칙을 설명한다. 침대는 한 방에 6개가 전부이고 건너편 방은 주인 부부가 기거하는 모양이다. 동숙하게 된 또 다른 독일 순례객 한 쌍은 부부인 줄 알았는데 아주머니는 처남댁이라고 한다.

이게 가능한 조합인지 한참을 헷갈리다가 일행이 같이 왔는데 다른 사람들은 뒤에서 바로 따라오고 있다고 해서 그러려니 하고 생각한다. 클라우디아라고 하는 독일인 순례객 아주머니는 대단히 활달하고 적극적이며, 나중에 나와 길에서 여러 번 마주치게 된다.

샤워하고 숙소 앞 바에서 아까 동행했던 브라질 아줌마와 건장한 독일 청년, 이탈리아 아가씨와 합석하게 되어 같이 맥주 한잔을 나누며 그동안의 일화와 앞으로의 여정으로 서로를 알아나간다. 독일 청년은 오후에 계속 길을 가서 비아프랑카까지 갈 예정이란다. 까미노 길에서 만난 많은 사람은 부담 없이 서로의 화제에 끼어들기도 하고 여러 주제로 대화하면서 그 거리감이 스스럼없이 줄어든다. 저녁을 주인 부부와 나를 포함한 투숙객 3명 해서 모두 5명이 둘러앉아 독일식 메뉴인 호밀빵과 수프, 소시지가 듬뿍 들어간 샐러드, 닭고기 등으로 와인과 함께 식사하며 영어, 독일어가 마구 섞인 대화로 자연스럽게 이어나간다. 투숙객 남자인 라이너라는 남자는 직업이 목공예가(craftsman)라고 하는데 30년 가까이 몸담아서 그 분야에는 장인 수준인 것 같다. 텁수룩한 수염에 말하는 느낌이 사람이 아주 선하고 착실해 보인다.

식사하고 동네 한 바퀴를 산책하는데, 작은 마을이라 시간이 그리 오래 걸리지 않는다. 동네 어느 집의 1층과 2층의 격자무늬 창문과 켜져 있는 노란 조명등, 아담한 벽돌집 위로 난 굴뚝이 어릴 때 크리스마스 카드에서 보던 성가정의 평온한 가정처럼 보인다.

| 에스피노사델까미노 작은 마을 가정집의 저녁 풍경

Day 13 :

아침의
봉변

| 새벽 여명

📍 **9/6, 수**

에스피노사델까미노(Espinosa del Camino) - 오르테가(Ortega) - 아헤스(Ages) - 아타푸에르카(Atapuerca) - 카르데뉴엘라리오피코(Cardenuela Riopico), 29km

▎아침의 봉변

아침 식사시간이 6시 30분에 하기로 되어 있어 6시가 되기 전에 제일 먼저 일어나 세면장으로 가서 씻고 준비를 한다. 오랜만에 면도도 하고 여유를 좀 부렸더니, 주인장 아주머니가 문을 두드리며 "Hurry up!" 하면서 사감 선생처럼 혼내듯이 바락 소리를 지른다. 순간 당황해서 대충 마무리하고 밖을 나오는데 영 기분이 거시기하다. 순례길 알베르게에서 처음 만난 봉변이다. 아마도 뒤에 있는 사람들의 사용 시간을 감안해서 미리 나에게 서두르라고 이야기한 것 같다. 방에 있던 두 사람도 난감한 듯한 어색한 표정이다. 아침 식사를 하면서 주인아주머니의 불쾌한 태도에 대해 문제를 제기할까 망설이다가, 어제까지 좋았던 분위기도 있고 함께 온 투숙객 두 사람과의 관계도 어색해질까 해서 그냥 나오기로 했다. 앞으로 남은 기간 무슨 일을 더 당할지 모르는데 이런 경험도 하나의 해프닝으로 애써 생각하며 어둑한 길을 나선다.

▎산속 무인 구간 : 모기떼의 공습

가장 먼저 도착한 마을인 비아프랑카를 지나니 오르막이 지속된다. 여기서부터 중간 목적지인 산후안데오르테가까지의 12km 정도는 해발 950m 오카산의 숲속으로 계속 난 무인 구간 길을 통과해야 하는데 중간에 카페가 하나도 없다고 한다. 이 길은 과거 순례자들에게는 공포의 길이었다고 하는데, 하도 도적 떼와 짐승이 자주 나타나서 지나가는 사람들을 괴롭혔다고 해서 붙인 말이라고 한다. 약 5km 정도를 가니 요란한 음악을 스피커로 틀면서 제법 큰 좌판을 펼쳐놓고 사람들의 시선을 끄는 떠버리 아저씨가 각종 외국어로 인사를 하는데 그중에 한국어도 포함되어 있다.

나를 보더니 일성이 "안녕하세요. 반갑습니다."이다. 나도 배가 고프고 커피도 한잔할 겸 해서 '도네이션'이라고 쓰인 통에 2유로를 주고 커피 한 잔을 건네받고 사과 하나를 집어 먹는다. 해가 완전히 뜨면서 뜨거워질 때 숲길이라 그늘이 있어 다행이었지만 더 고통스러운 게 산 모기떼들의 습격이다. 비누 냄새 때문인지 몰라도 유독 나에게 수십 마리가 앞뒤로 소리를 내며 따라오며 달려들어, 스틱은 접어 배낭에 메고 모자를 벗어 모기떼를 쫓아내면서 몇 km를 계속 가려니 팔이 아파 그것도 고역이다.

| 오카산 무인 구간 언덕 위의 나무 십자가

▎오르테가

 겨우 산속 숲을 빠져나오니 오르테가 마을 초입의 바에 순례객들이 여럿 모여 있다. 동행했던 브라질 아주머니 솔란지, 마리라고 하는 프랑스에서 온 사람, 어제 바에서 만난 이탈리아 아가씨들이다. 시원한 콜라 한 잔의 당도가 정신을 조금 들게 한다. 단것은 아주 싫어하는 편이라 한국에서는 콜라를 먹는 경우가 거의 없는데, 여기서 마셔보니 갈증 해소와 적절한 당분으로 감로수가 있다면 이런 맛일 것이다.

 슬슬 지쳐가는 다리를 재촉하며 아타푸에르카에 있는 유럽에서 가장 오래된 백만 년 전 인류의 조상인 '호모 안테세소르'가 발견된 곳 근처에 도착해서는, 유적지를 3km나 돌아서 갈 엄두가 나지 않아 입구에 있는 사진 촬영으로 만족한다. 이름도 긴 카르데뉴엘라 리오피코라는 마을에 도착해서는 알베르게 예약도 하지 않은 터라 몇 안 되는 알베르게를 물어물어 찾아 들어간다. 오늘 묵게 된 알베르게는 소박하다. 포르투갈 주인이 운영하는 작은 숙소인데 뉴질랜드에서 온 한 무리의 가족 같은 사람들과 지난번 그라뇽에서 만났던 대만 젊은 친구 Ben이 먼저 와 있다.

| 아타푸에르카의 고대 유적지 표시

| 카르데뉴엘라리오피코의 알베르게

저녁 식사를 같이하며 이야기를 나누는데 뉴질랜드에서 온 사람은 67세, 72세 된 형제와 친한 동생뻘 친구 부부와 4명이 같이 왔는데, 서로를 의지하고 농담하며 격의 없이 다니는 것이 참 보기 좋다. 나이가 들면서 형제가 같이 여행할 수 있는 것도 참 부럽다. 두 사람 간의 우의도 좋은 것 같고 저녁 식사 후에는 뉴질랜드 집에 있는 아들과 와이파이가 겨우 터지는 구석에서 화상 통화하며 즐거워한다. 서양인들은 개인주의라고는 하지만 실제로 보면 가족, 형제간의 끈끈함과 우애는 동양인보다 결코 작지 않은 것 같다. 나는 형님과 11살 차이라 어려서부터 어울리기가 쉽지 않았지만 참 많은 정이 있었다. 세상을 먼저 뜬 형님 생각이 오늘따라 진하게 난다.

Day 14 :

부르고스, 아! 300km

| 부르고스 성당

♥ 9/7, 목

카르데뉴엘라리오피코(Cardenuela Riopico) - 부르고스(Burgos), 13.5km

▍잘못된 선택

숙소인 비아 미네라 알베르게를 해뜨기 전에 출발해 전체 여정의 3분의 1이 조금 넘는 지점인 부르고스를 향해 출발한다. 등 뒤로 보이는 새벽 여명이 파란 하늘을 배경으로 커다란 나무 사이의 구름을 붉게 물들이는 광경이 인상적이다. 해가 점점 떠오르자 들판과 저 멀리 보이는 마을도 온통 붉은색이다. 그 사이로 나 있는 길을 따라 열심히 가다가 오르바네하리오피코를 지나니 부르고스로 가는 이정표가 나온다. 어제 숙소에서 만났던 대만 친구와 한 일행이 저 멀리서 왼쪽 마을 쪽으로 향하기에 커피 한잔을 하러 가나 생각하고 나는 씩씩하게 큰길로 향하는 방향으로 걸어간다.

 공항 구역처럼 생긴 철조망 옆으로 난 도로로 향하니 점점 차들이 많아지고 큰 도로가 나온다. 뭔가 이상하다는 기분이 들어, 그제야 어제 식사하면서 갈림길에서 왼쪽으로 가는 길이 도심을 지나지 않아 조용하고 편하다고 일행 중 한 명이 했던 말이 생각났다. 하지만 돌아가기에는 너무 멀리 와버린지라 그냥 가는 수밖에…. 교차로를 몇 번이나 지나고 옛날 구로공단이 연상되는 산업지구를 하염없이 따라서 가려 하니 옆으로 쌩쌩 달리는 차 소리와 불편한 인도길 때문에 번잡한 속세로 돌아온 기분이라 적응이 잘되지 않는다. 가는 길에는 쉴만한 커피숍이나 bar도 없어 잘못된 선택에 대한 후회를 몇 번이나 계속한다….

| 부르고스 시내 모습

부르고스, 아! 300km

잠깐 쉴만한 장소도 없이 12km 이상을 계속 가다 보니 날씨도 더워지면서 지치기 시작한다. 멀리 고층 건물과 복잡하게 보이는 시가지가 보이면서 도시의 초입으로 진입하자 커피숍과 레스토랑이 보이기 시작해서, 반사적으로 첫 번째 보이는 작은 카페로 들어가 커피와 케이크 한 조각으로 겨우 한숨을 돌린다. 부르고스 정도의 도시이면 다른 지역보다는 시설이 좋은 공립 알베르게로 향해야 하나, 지나온 300km 도달에 대해 자가보상을 하기 위해 가까운 곳의 괜찮은 호텔을 예약하고 숙소로 향한다. 도착한 시간이 일러서 혹시나 하며 early 체크인을 부탁했더니 까미노 순례 중이냐고 묻고는 마침 비어 있는 룸이 있다고 하면서 흔쾌히 키를 내어준다. 방으로 올라가서 까미노 일정에서 처음으로 욕조 물에 들어가 제대로 된 목욕을 하니 천국이 따로 없다.

늦은 점심은 얼큰한 국물이 간절해서 라면이나 우동집을 찾다 보니 산타마리아 대성당 근처의 중심지에 있는 우동집으로 결정하여 바로 직행한다. 메뉴를 보다 보니 감격스러운 김치 우동을 발견한다. 교자, 맥주와 함께 주문하자 약간 퓨전 맛이 나는 음식이지만 그득한 국물에 만족하며 소박한 부르고스 입성 자축연을 진행한다….

부르고스는 과거부터 카스티야 왕국의 수도였고 현재도 부르고스주의 주도이므로 이 지역의 중심지 역할을 하며, 수많은 성당과 건축물 그리고 도시 한가운데로 흐르는 강과 울창한 숲이 어우러지며 도시 전체가 공원 같은 느낌이 드는 아름다운 도시이다. 인구는 18만 명이 채 안 된다고 하지만 유서 깊은 대성당을 비롯해 많은 먹거리와 볼거리로 살기 좋은 도시라는 느낌을 준다. 시내에 있는 부르고스 대성당인 산타마리아 성당 입장을 위해 티켓을 구매하려니 크레덴셜 여권을 가진 순례자는 반값인 5유로란다. 스페인에서 3대 성당에 든다는 내부에 들어가니 그 엄청난 규모에 우선 압도된다. 주 성당의 규모도 대단하고 벽면 위쪽의 수많은 스테인드글라스를 통해 들어오는 햇빛의 다채로운 색깔이 현란하다. 대사제와 추기경으로 보이는 일련의 사진과 전시된 화려한 의복, 황금색 성배와 십자가들이 그 위엄을 더하고 있다. 중간중간의 공간에서는 기도와 미사가 집전되고 있고, 기다란 회랑을 따라 다른 건물로 이어지며 그 전체 규모가 가늠하기 어렵다.

| 부르고스 성당 내부

　성당을 빠져나와 이 골목 저 골목을 기웃거리며 거리 풍경을 구경하다 숙소 쪽으로 발을 돌려, 저녁을 자그마한 타파스 집으로 가서 와인과 함께 편안한 시간을 천천히 즐기면서, 이제 곧 맞이하게 될 황량한 메세타 구간을 생각하며 마음의 끈을 다시 조인다.

이야기를 들어보니 거친 메세타 지역을 피해 버스나 기차로 소위 말하는 점프를 해서 레온까지 바로 가는 순례객도 많다고 한다. 시간이 부족한 사람이면 모르겠지만, 이 길을 나서면서 황량한 들판 한가운데서 지독한 외로움과 자신에 대한 치열함을 느껴보는 경험을 피한다는 것을 나로서는 이해하기가 어렵다.

| 부르고스 시내 공원 앞 카페

▶ 산티아고 순례길

Ⅲ
메세타,
그 황량함에 빠지다,

📍 부르고스 – 레온

Day 15 :

메세타,
산볼,
오래 남을 기억

| 메세타 지평선에서의 일출

◉ 9/8, 금

**부르고스(Burgos) - 타르다호스(Tardjos) - 오르니요스델까미노
(Hornillos Del Camino) - 아로요산볼(Arroyo Sanbol), 26km**

　호텔에서 아침 식사를 하고 느긋하게 출발한 탓인지 도시가 번잡하기도 했지만, 배낭을 멘 순례객이 보이지 않는다. 산마르틴 아치를 지나 도시를 빠져나가는 길이 구글 지도를 보면서 가도 헷갈려서 헤매다 보니, 앞뒤의 이탈리아 시칠리아에서 온 친구와 브라질에서 온 젊은 사람도 헤매고 있어 같이 길을 찾으며 시내를 빠져나간다. 도심 개천 옆의 그림 같은 나무 사이를 따라 이어진 도로와 다리를 지나 도시를 빠져나가기까지 조깅과 산책하는 사람들이 모두 여유 있는 모습이다. 외곽으로 나가니 중간에 마땅히 쉴만한 곳이 없어 계속 걷다 보니 501km 남았다는 표지판이 보인다. 많이 왔다는 생각과 앞으로도 많이 남았다는 생각이 뒤섞이며 거의

11km를 계속 가서야 타르다호스 마을에 도착했다.

마을 입구에 있는 2개의 바에는 벌써 도착한 다른 순례객들로 붐비고 있다. 지난번에 만난 프랑스인 마리와 반갑게 합석을 해서 커피를 한잔하며 부르고스에 갔던 일과 앞으로의 일정에 관해 이야기하며, 자기는 너무 힘들어서 여기서 1박을 하고 템포를 좀 조절하며 가겠다고 한다. 걸어가는 모습이 힘들어 보여 조금 안쓰럽긴 했는데…. 그러고 보니 그것이 마지막 만남이었던 것 같다. 순례길에서 만나는 수많은 사람과의 만남과 헤어짐이 이어지며 그 모든 인연이 이 까미노의 중요한 기억으로 자리를 차지하나 보다.

| 타르다호스 마을 입구의 이베리아반도 지형

메세타

　오르니요스로 가는 길로 접어드니 양 떼들이 노니는 들판에서는 청량한 팬플루트 소리가 몰려오는 듯하다.
　멀리 보이는 언덕 꼭대기의 나무 한 그루는 바람을 힘겹게 이기며 버텨내고 있다.
　자연의 소리는 때론 거칠지만 순응할 만하고, 여기 눈앞의 풍경은 메마르지만 건조한 아름다움이 있다. 갈색과 초록색이 엉겨 있는 들판 그리고 blue 그 자체인 하늘.

　아, 메세타이다⋯.

| 들판의 양 떼

메세타가 서서히 그 단장하지 않은, 있는 그대로의 자태를 보여주고 있다.

태양은 멀리 저편에서 떠서 이쪽 편으로 질 것이다. 한 공간의 지평선에서 지평선 너머로 일출과 일몰을 같이 볼 수 있다. 멀리 보이는 쏟아지는 별을 뒤로하고 칠흑 같은 어둠 속에서 붉은 해가 솟구쳐 오르다 파란 코발트색 하늘을 배경으로 희미해진다. 넓은 배경의 황갈색 들판이 모두 드러나 보이는 가운데 가끔씩 섬 같은 초록이 숨 쉬듯이 물결치며 자신의 존재를 알려준다….

죽을 만큼의 고독함 속을 걸으면서 본인의 살아 있음을, 내가 살아가야 할 의미를 느껴보는 호사스러운 기회는 살아가면서 그리 많지 않을 것 같다.

| 메세타의 황량함

▎San-bol, 오래 남을 기억

오르니요스에서 점심을 때우고 6km 정도를 더 걸어 아로요산볼로 향한다. 시설이 열악하고 마을도 없어 사람들 평이 매우 안 좋지만, 들판 한가운데서 쏟아지는 별을 볼 수 있는 경험을 할 수 있다는 기대감에 불편함을 감수하고 작은 알베르게로 향한다. 완만한 오르막으로 이어지는 분지를 만나 본격적으로 사방에 지평선인 넓은 들판이 메세타 지역이라는 것을 실감 나게 한다. 옆에서 같이 가던 덴마크 친구가 내가 산볼에서 묵을 예정이라는 이야길 듣고는 시설도 안 좋고 아무런 편의시설도 없는 황량한 곳에 굳이 있을 필요가 있냐며, 자기는 다음 마을인 온타나스까지 간다고 걱정스럽게 말리는 눈치다. 목적지 근처에 다다르니 마땅히 눈에 띄는 마을이나 이정표가 없다. 사거리에서 왼쪽으로 조금 떨어진 곳에 작은 둥근 모양 지붕의 집이 있기에 다가가니 산볼(SAN-BOL)이라는 공립 알베르게 표시가 있다.

입구의 마당 벤치에 난민처럼 앉아 있는 일행무리를 지나 안으로 들어가, 자리가 있냐고 물으니 한 자리가 남아 있다고 한다. 방 한 칸의 공간에 침대가 빼곡히 들어서 있어 모두 다 해서 침대가 10여 개 남짓한 것 같다. 겨우 자리를 잡고 나서 빨래를 하려니 세탁기는 없고, 마당에 있는 자연식 물받이에서 그냥 물을 떠서 해야 한단다. 아주 어릴 때 수돗가에서 물 받아 놓고 세수하던 생각을 해가며, 나뭇잎이 둥둥 떠다니는 물받이에서 물을 길어 건성으로 빨래를 하고 나무 사이로 늘어져 있는 줄에 대충 옷을 말린다.

주위를 돌아보니 완전히 들판 위에 떠 있는 외딴 섬이다. 뒤쪽으로는 나지막한 언덕이 있고, 햇살과 바람은 사납지 않고 편안하게 다가온다.

| 산볼의 작은 알베르게

| 일행

숙소로 들어가다가 그동안 쉼터와 식당에서 몇 번 마주쳤던 한국인 일행 2명이 보인다. 의외이다. 이 오지 같은 곳에서 한국인을 다시 만나니 반갑다. 그 사람들도 이곳이 별이 쏟아진다고 해서 별구경 하러 왔단다.

　식전에 같이 와인 한잔을 하면서 통성명을 하고 오게 된 이유 등을 이야기한다. 한 사람은 벌써 4개월 이상 유럽 여행 중이고, 한 사람은 바르셀로나를 거쳐 팜플로나에서 합류하여 나중에 산티아고를 거쳐 포르투로 갈 예정이란다. 나처럼 틀에 짜여진 정형적인 일정이 아니라 대단히 자유로우면서도 다양한 경험을 즐길 줄 아는 사람들인 것 같다.

　이야기 중에 아까 입구에서 마주친 난민 같은 사람이 있어 와인 한잔을 권하면서 같이 이야기를 나눈다. 프랑스에서 딸과 예비 사위와 같이 왔단다. 행색이 수십 년 전의 오리지널 순례객처럼 남루하다. 그 사람은 삶이 까미노를 걷는 것이라 이 길은 수도 없이 걸었으며 모든 길의 가볼 만한 곳과 특징을 훤히 꿰고 있기도 하고, 이 세상의 무질서함과 지구의 환경을 걱정하는 자기만의 철학으로 무장된 진정한 순례자의 모습이다. 숙소는 대부분 공립 알베르게나 가지고 가는 텐트로 노숙을 하며 스스로 먹거리를 해결한단다(나중에 알고 보니 이 사람은 순례길에서 꽤 유명한 사람이었다). 같이 온 예비 사위도 잘생긴 외모에 성경을 시간 될 때마다 읽는 독실함이 느껴지는 사람이다. 이 길을 기꺼이 같이 나서는 것을 보니 그 딸을 정말 사랑하는 것 같다.

l 노을, 별빛과 Vino Camino

주문한 저녁 식사를 하는 사람들은 프랑스 중년 부부 2명, 한국 사람 3명 해서 모두 다섯밖에 되지 않는다. 다른 사람들은 작은 부엌에서 자기가 직접 만들어 해결하는 분위기이다. 커다란 빠에야와 와인으로 식사를 마친 후, 아까 도인 같은 프랑스인 순례 전문가가 알려준 대로 뒤쪽의 언덕으로 올라, 환상적이라는 저녁노을을 맞이하러 간다. 약간 높은 지대에 오르니 사방이 온통 들판으로 다가온다. 지평선과 지평선이 서로 마주 보고 있는 모습이 낯설다. 미국의 광활한 자연의 아름다움과는 또 다른 경험하지 못한 공간의 장대함이다.

l 지는 해와 하나가 되어간다

서쪽 하늘 붉은 노을과 함께 아주 천천히 해넘이가 아직 푸르름이 남아 있는 하늘과 구름 사이로 파노라마처럼 지속된다. 사진 속 그림자가 대지 위의 들풀과 함께 파도처럼 출렁거린다. 시인은 슬픈 도시에 일몰이 오고 황혼을 좇아 달음질친다고 했건만, 도시를 떠난 황량한 평원 너머로 지는 해는 어디로 그렇게 또 그 갈 길을 가는지 알 수 없지만, 그 모습에서 미련이라고는 추호도 없는 자유로움을 느낀다.

그렇게 천천히 어둠이 사위를 스며들어 올 때 여기저기 언제 와 있었는지 모를 별들이 그 모습을 드러내기 시작한다. 별 하나의 추억을 헤아리던 아련함과 함께 쏟아지는 별들의 모습에서 기억을 하나씩 떠올린다. 이렇게 스페인 황량한 들판의 외딴곳에서 화려한 일몰과 밤하늘과 함께하는 별 헤는 밤을 보냈다.

| 산볼의 별빛

Day 16 :

김밥과 비빔밥

| 온타나스 가는 길의 들판

9/9, 토

아로요산볼(Arroyo Sanbol) - 온타나스(Hontanas) - 산안톤(San Anton) - 카스트로헤르스(Castrojeriz), 16km

　평원의 9월 아침 바람은 서늘하다. 해가 지던 언덕의 건너편 지평선에서 밤새 어딘가를 헤매던 태양이 강렬한 모습으로 다시 대지를 비추기 시작한다. 시작과 끝이 맞닿아 있는 무한 반복이 오늘도 새로운 하루를 열고 있다. 새벽 일찍 오르니요스에서 출발한 사람들도 잠시 길을 멈추고, 천천히 들판을 박차고 떠오르는 오늘의 붉은 해를 경건한 표정으로 맞이한다. 6km 정도를 사방이 지평선 같은 들판을 가로질러 가니 멀리 언덕길 아래로 온타나스 마을이 보이기 시작한다. 마을 이름이 '샘'이라고 하는 어원과 어울리는지 spa가 있는 알베르게 간판도 보이고 카페도 여럿 보여 황량한 산볼과는 사뭇 다른 분위기이다.

커피 한잔 이후 이 부근에서 유명하다는 자칭 피카소라는 사람을 만나러 간다. 줄지어 서 있는 순례객들에 스탬프(seyo)를 불에 녹인 여러 색의 염료로 고무도장처럼 만들어 순례자 여권에 입체적인 모양으로 찍어주는데 한 번에 2유로, 하루에 수십 명 이상은 되어 보이는 순례객 상대로 하는 나쁘지 않은 장사이다. 나의 순서 앞에서 고향 사람을 만났는지 감격 어린 표정으로 포옹을 하고 목청을 돋우며 한참을 대화하는 것을 보니, 스페인 사람들도 자기 기분을 감추지 못하는 대단히 감성적인 사람인 것 같다. 한국인이라고 하니 엄지손가락을 내세우며 잘 안다는 표정으로 한국말로 인사한다.

산안톤 마을에 도착하니 과거 병원인 듯한 아주 작은 성당에 들러 도네이션과 함께 잠시 작은 성당 안을 돌아보니, 수백 년은 된듯한 의자와 벽 들은 과거의 흔적을 그대로 가지고 있고, 수녀님 모습의 봉사자 할머니는 인자한 미소로 방문한 사람들에게 교회의 역사에 관해 설명해 준다. 폐허가 된 산안톤 수도회의 아치와 벽면들이 시간의 흐름과 함께 아슬아슬하게 남아 있어 비바람에 괜찮은 것인지 위태롭게 서 있다.

| 벽면만 남은 산안톤 수도회 건물

▎김밥과 비빔밥

 산안톤 마을을 빠져나오니 찻길을 따라 거의 직선으로 뻗은 길 끝 언덕 위에 카스트로 헤리스 성이 마을을 내려다보는 모습으로 자리 잡고 있다. 지금은 무너져 내리는 듯한 성곽으로 버티고 있지만, 과거의 웅장한 모습을 연상하기에는 충분한 것 같다. 마을 전체는 기다란 형태로 집들이 계속 이어지는데, 몇 군데에 알베르게 간판도 보이면서 오래된 시간의 흔적에 비해 정갈한 골목 모습이다. 오늘은 한국인 민박 숙소에서 까미노에서 유명하다는 비빔밥을 먹기 위해 갈 길을 멈추기로 한다. 음식과 순례길 멈춤의 상관관계가 나에게는 지난번 비아나의 스테이크에 이어 그 유효성을 충분히 입증하고 있다.

 알베르게 오리온(Orion)의 주인아주머니는 한국인이고 남편은 스페인 사람 같아 보이며 일 처리가 빠르고 매사에 정확한 느낌이다. 깔끔한 숙소에서 짐을 풀고 점심으로 맥주와 김밥으로 요기를 먼저 하는데, 열심히 먹으면서도 한계효용 체감의 법칙은 작동하지 않고 맥주와의 상승효과만 더해진다. 한국에 돌아가더라도 계속 김밥을 사랑할 것 같다. 조금 휴식을 취하다가 저녁까지는 시간이 있어 마을을 산책한다. 마을은 기다란 골목길로 계속 이어지는데, 마을 한가운데에 교회가 열려 있어 들어가 보니 성전 양쪽의 오래된 작은 문 앞에 몇백 년은 족히 돼 보이는 악보집이 유리 상자 속에 진열되어 있어 교회의 역사를 말해주고 있다. 교회 앞쪽으로 이어진 들판 앞 난간에 털썩 앉아 무심히 하늘을 쳐다보니 그 푸르름이 평화로움 그 자체이다. 때 묻지 않은 원색의 하늘과 얼굴을 스쳐 가는 부드러운 바람의 느낌은 온전히 편안함과 위로이다.

저녁 시간에 투숙객들이 모두 식당에 모여 식사 주문을 하며 시끌벅적한 분위기인데, 외국인들도 어떻게 알았는지는 모르겠지만 대세가 비빔밥 메뉴이다. 내 앞쪽으로는 일전 그라뇽에서 같이 지냈던 스페인 친구가 앉아 자신 있게 비빔밥을 주문하고는 식사가 나오자 양이 꽤 많은데도 엄지를 치켜세우며 순식간에 해치운다. 오른쪽에 앉은 한국인 장교 출신 청년은 길에서 만났다는 독일인 일행들과 함께 소주를 시켜 원샷 강의를 하며 분위기를 주도한다. 조만간에 순례길의 한류 음주법도 연구대상이 될 것 같다.

| 알베르게에서의 비빔밥 성찬

▍공동체

　어둠이 조금씩 몰려오자 주인장이 오후 7시부터 마을 축제가 있으니 가서 구경하라고 권해서 나가보니, 축제가 열리는 장소는 아까 들렀던 오래된 교회 앞마당이다. 마을 사람들이 거의 모두 몰려왔는지 북적거리고, 마당에 차려진 와인과 먹거리를 같이 들면서 서로 인사하고 반갑게 포옹한다. 보아하니 남녀노소가 같이 모여있어 동네 집안 식구들이 거의 모두 참석하는 모양이다.

　저녁 어스름에 악기 연주도 하고 스피커를 통해 음악이 나오는 가운데 환담하며 어울리는 공동체의 작지만 평온한 모습이 부럽게도 보인다. 남의 떡이 커 보이기도 하겠지만 점점 더해가는 삭막함, 갈등과 대립의 심화, 격차의 지속…. 작금의 우리 사회와의 오버랩에 마음 한구석이 휑하기도 하다. 동행했던 사람들과 화이트와인 한잔으로 노정된 앞으로의 길이 무사하기를 다시 기원해 본다.

| 카스트로헤리스 마을의 성당에서 마을 주민들의 축제 행사

오늘은 딸아이의 생일이다. 오랫동안 해외에 있는 딸이 많이 외롭겠지만, 마땅히 당장 해줄 선물이 없어 메신저로 우선 마음만 전한다….

Day 17 :

대평원

| 모스텔라레스 언덕길에서의 새벽

📍 9/10, 일

카스트로헤리스(Castrojeriz) - **이테로델카스티요**(Itero del Castillo) - **이테로데라베가**(Itero de la Vega) - **보아디야델까미노**(Boadilla del Camino) - **프로미스타**(Fromista), 25.5km

▎모스텔라레스 언덕

아직 어두운 새벽, 컴컴한 골목을 가로등과 헤드라이트에 의지하며 기다란 골목길을 빠져나가니 들판 길을 가로질러 멀리 보이는 940m에 달하는 정상을 향해 길게 드리워진 모스텔라레스 언덕이 보인다. 몇 번 경험하면서 느끼지만, 스페인의 오르막 산길은 급하지 않아 그래도 오를만하다. 우리나라처럼 작은 뒷산이라도 사납게 치고 올라가는 깔딱 고개를 2개 정도는 올라야 정상에 이르나, 여기는 땅이 넓어서 그런지 오르막이 길지만 급하지가 않다. 배낭을 멘 어깨의 중압감을 빼고는 큰 문제는 없는 것 같고, 뒤에서 비치는 햇살로 밝아지는 길을 확인하면서 새벽 안개의 어스름한 길을 올라가는 기분이 몽환적이기도 하다. 새벽공기의 쌀쌀함에 정신이 또렷해지면서 오르막을 올라 언덕 정상에 다다르니, 미리 와 있던 사람들이 일출을 맞이할 준비들을 하고 있다. 지난번에 같은 숙소에 머물렀던 독일 사람 라이너와 클라우디아의 얼굴도 보인다. 라이너가 나를 보자 반색하며 안부를 묻고는 그때 독일인 주인 아주머니의 무례에 대해 같은 독일인으로서 미안하다고 이야기해서 난 벌써 잊어버렸다고 너스레로 대답하며 세심한 배려에 감사해 한다.

▎대평원

언덕 정상에서 아무런 시야의 방해 없이 내려다보는 지평선과 얕은 봉우리 사이로 떠오르는 일출이 그냥 아름답다는 표현보다는 경이롭다고 해야겠다. 의상대, 간절곶, 토함산, 대청봉 등의 일출도 강렬했고 데스밸리의 일출도 좋았지만, 여기서 맞는 해돋이는 파스텔 그림처럼 선명한 느낌이다. 주위에서 사람들이 조용히 노래를 부른다. 독일 민요라고 하는데 일출의 장엄함에 대한 찬미와 신에게 감사함을 노래하는 것이란다. 그 무리의 일원으로 성스러운 분위기에 동화되면서 나중에도 계속 생각이 날 장면으로 기억될 것 같다.

평평한 정상을 내려서기 위해 맞은편 내리막 시작점에서 멀리 나 있는 길을 쳐다보다 시선이 멈춰버린다. 끝없이 펼쳐진 황갈색 들판 사이로 실개천처럼 길이 끝없이 나 있고, 아스라이 보이는 밀밭과 해바라기의 들판 끝에는 오아시스처럼 초록 나무숲 같은 형상이 아른거린다. 그리고 그 위의 파란 하늘과 구름이 기시감과 함께 다가온다.

거의 완벽한 풍경화 같다. 아마도 어릴 적 어디선가에서 본 그림일 수도 있고, 머릿속에 있는 내가 항상 가고자 했던 길일 수도 있고 상상 속의 기대일 수도 있다. 하지만 현실로 눈 앞에 펼쳐지니 어느 것이 참이고 아닌지 분간하기 어렵다. 말 그대로 평원의 찬란함이다.

| 대평원 주위에는 해바라기와 들판 그리고 바람만 있다

▎ 운하(Canel)길

이테로데라베가는 카스티야레온의 팔렌시아주에 속해 있다. 이 주의 끝으로 가면 고산지대로 이어진다고 하는데, 생태학적으로나 역사적으로도 중요한 지역이라고 한다. 끝나지 않을 것 같은 평원을 지나니 좌우로 기다란 운하길이 나 있다. 들판 한가운데에 있는 운하길이라니…. 나의 고정관념은 쉴새 없이 무너지고 있다. 카스티야 운하라고 하는 뱃길은 멀리 있는 카리온과 피수에르 강물을 끌어다 평원 쪽의 관개와 물류에 이용한다고 한다. 폭은 약 20m 남짓으로 아직도 배가 다니는데, 양쪽의 나무숲 사이로 그림같이 이어지며 물가 옆으로는 사람들이 지나가는 길이 나 있어, 마지막 힘든 발길을 위로라도 하는 것 같다.

| 지친 걸음을 카스티야 운하 뱃길이 맞아준다

▌프로미스타

마침내 오늘 여정의 종착지인 프로미스타에 도착한다. 숙소로 가는 길에 이 도시의 상징적인 건물인 로마네스크 양식의 산마르틴 성당이 눈에 들어온다. 한눈에 봐도 매우 품격 있고 세련된 건물이다. 성당 내부에는 제대가 원통형의 안쪽으로 놓여 있고 예수님 고상이 위쪽의 높은 천장에 매달려 있는데 검은 향로와 양쪽에 서 있는 청동으로 된 성모 마리아상과 요셉 성인상이 인상적이다. 저녁 무렵에 조명을 받은 성당 외부의 모습은 그 자체로 우아한 자태를 보여준다.

저녁 식사를 하러 나온 식당에서는 어제 카스트로헤리스에서 만난 씩씩한 한국 청년이 있어 일행과 같이 오랜만에 한국 사람들만의 식사를 하게 된다. 잘나가는 육군 장교 출신이었지만 자신의 미래에 대해 생각하다가, 문득 새로운 길을 가야 할 것 같다는 생각이 들어 미련 없이 사직서를 내고, 진로를 정하기 전에 이 길을 아무런 준비도 없이 그냥 비행기만 타고 왔단다. 그 용기와 앞으로의 새로운 도전에 응원을 보내며 힘을 보태준다. 이 까미노는 앞으로의 삶에 대한 새로운 계기를 만들고자 하는 사람과, 지금까지의 삶을 되돌아보기를 원하는 사람들이 공존하며, 과거와 미래를 지금 현재 시점을 교집합으로 해서 만나 함께 의미를 되새길 수 있는 기회이기도 하다.

| 프로미스타 가는 길

Day 18 :

카리온에서의 부질없는 생각

| 깊어가는 밤의 성당 모습

📍 9/11, 월

프로미스타(Fromista) - 포블라시온데캄포스(Poblacion de Campos) - 비야카사르데시르가(Villacazar de Sirga) - 카리온데로스콘데스(Carrion de los Condes), **19km**

　

새벽에 숙소를 나설 때, 동트기 전의 푸른 하늘엔 달과 별이 아직 선명하게 모습을 드러내고 있다. 이러한 모습도 이젠 제법 익숙해진다. 마을을 빠져나가면서 두 갈래 길이 나온다. 왼쪽 길은 조금 짧지만, 차도와 함께 가는 길이라 우측길을 추천하는 정보가 많아 그쪽으로 길을 정한다. 오늘은 약간 동북쪽에서 해가 비치며 평소에 뒤에 있던 그림자가 살짝 왼쪽으로 쓰러진다. 끝도 없는 해바라기 너머 언덕은 하늘과 맞닿아 있고, 이 넓은 들판에는 스며드는 햇살과 함께 바람이 지나다니는 고요함만 있다.

높다란 하늘을 보니 가을이 많이 다가와 있다. 초가을의 아침 바람에 묻어 있는 서늘함을 나는 좋아한다. 풀벌레 소리를 들으며 힘들게 했던 여름을 보내는 아쉬움과 함께, 조금 이르지만, 진작부터 마음을 시리게 하는 한 해의 끝을 예고하는 메시지를 느끼는 짧은 이 시각이 아주 소중한 느낌이다. 대지의 고요함과 어우러지는 햇살의 눈 부심이 머릿속의 많은 생각을 계속해서 정갈하게 해주는 것 같다.

▍카리온

 마을을 지나 오른쪽 길은 수로를 따라 나무숲으로 이어져서 숲그늘을 따라 편하게 걷는다. 길이 끊어질 듯 이어짐을 계속해서 거의 10km를 가서야 다른 마을로 진입한다.

 도시로 들어오니 꽤 번화한 광장과 상점, 교회 등 많은 건축물이 과거부터 매우 중요한 거점이었던 흔적이 보이는 것 같다. 오늘 예약한 숙소인 누에스트라세뇨라(Nuestra Senuora)로 향하는 길은 시내의 상점가를 거슬러 올라 마을 위쪽에 자리 잡은 깔끔한 건물이다. 체크인 시간을 기다리니 입구에서 수녀님 복장을 한 할머니가 친절하게 안내를 해주신다. 비용은 18유로로 다른 곳보다 조금 비싼 편이지만 자그마한 1인실에다 공용이지만 편안한 샤워 시설도 갖추어져 마음에 든다. 아마도 수녀님들이 피정이나 공식적인 모임 때 머물렀던 방인듯하다.

시내 구경을 하고 필요한 물품을 사기 위해 내려가는데, 오후부터 꾸물거리던 비가 한바탕 요란한 천둥소리와 함께 번개 사이로 쏟아져 내려 길 위로 순식간에 작은 하천처럼 물이 흘러 내려온다. 상점 처마 밑에서 비가 잦아지길 한동안 기다리며 동심으로 돌아간다. 어릴 때 골목길의 우산 속에 숨어 우산 위로 쏟아지는 빗소리를 멍하니 듣다가 학교에 지각한 생각도 나고, 나중에 크면 유리로 된 집을 지어 비가 오면 온종일 하늘을 쳐다보리라 했던 천진한 기억도 불현듯 나기도 한다.

| 카리온데로스콘데스 시내 중심을 흐르는 강과 마을 전경

저녁 식사를 하기 위해 도심 호텔에 있는 레스토랑으로 향하는 길은 내리막이라 카리온 시내를 한눈에 조망할 수 있다. 꽤 커다란 도시가 도심을 관통하는 카리온 강과 숲으로 조화롭게 펼쳐져 있다. 품위 있는 식당에서 와인과 간단한 메뉴로 오랜만에 여유롭게 앉아, 앞에는 초록 색깔로 펼쳐져 있는 공원 전망을 보면서 즐겨보는 소중한 시간이다.

▎부질없는 생각

숙소로 돌아와 자리에 누워 이런저런 생각에 빠져본다.
이 길을 걸으면서 정말 사고가 단순해지는 것 같다.

아침에 몇 시에 일어나야 하고, 아침은 먹고 갈까, 가다 먹을까?
오늘은 몇 km를 가야 하나? 예약하고 갈까, 가서 정할까?
도착해서는 빨래를 먼저 할까, 식사를 먼저 할까?
저녁은 누구와 먹나?

정말 단순한 내용이지만 이제는 대단히 중요한 의사결정으로 자리매김한 것 같다. 며칠 만에 사람이 길드는 것인지 적응하는 것인지 모르겠지만, 때로는 한심한 자신을 보며 헛웃음이 난다.

| 카리온의 레스토랑 앞 풍경

Day 19 :

긴 무인 구간, 400km를 지나다

| 바람 부는 평원

📍 9/12, 화

카리온데로스콘데스(Carrion de los Condes) - 칼사디야데라쿠레사
(Calzadilla de la Cureza) - 레디고스(Ledigos), 23.5km

밤새 목이 칼칼하고 열이 나는듯해서 자다 일어나, 약을 먹고 다시 잠을 청하나 잠이 오질 않는다. 수도원의 밤은 까맣다. 창밖을 보니 칠흑 같은 어둠 속에 어제 쏟아지던 비는 사라지고 어느새 별들만 총총하다. 비 온 뒤의 밤하늘이 더욱 짙어지며 별빛을 유난히 빛나게 하고 있다.

아직 갈 길이 많이 남아 있으니 부실해진 몸이지만 건사를 잘해야겠다.

아침에 눈을 떠서 갈 준비를 하고 지하로 내려가, 스페인 노동자인 듯한 사람들 틈에 끼어서 빵 두 조각과 주스와 커피 한 잔으로

아침 식사를 한다. 테이블에 있는 사람들은 아마도 새벽일 하러 나가는 사람인 듯, 약간 경계하는 눈빛이고 대화가 거의 없다. 여기서도 새벽을 열어가며 팍팍한 삶을 시작하는 사람들이 하루를 준비한다. 길을 나서는 정문 옆의 교회에는 밤에 본 가로등의 조명이 아직도 노란불을 밝히며 지붕을 밝혀주는데, 푸르게 다가오는 어스름한 새벽하늘과 잘 어우러져 있다. 오늘 먼저 지나가야 하는 길은 스페인에서 가장 넓은 평원인 캄포스 고티고스의 17.5km 구간으로, 중간에 쉴 곳이 없고 마을과 마을 사이가 가장 긴 구간이라고 한다. 미리 물이라도 챙길 요량으로 문을 연 가게로 들어가 물을 사는데 500㎖ 작은 물병 하나가 2유로이다. 지난번 들렀던 상점에서는 2ℓ 큰 물병이 1유로가 안 되었는데…. 여기서도 새벽의 수요 공급 불균형에 따른 공급자 중심의 경제학적 가격형성 원리가 작동하는 모양이다.

Ⅰ 긴 무인 구간

마을을 길게 빠져나가며 차도를 따라 계속 가는 길이 안쪽으로 접어들더니 왼쪽으로는 해바라기밭, 오른쪽은 옥수수 지대가 나오고 이내 끝없는 들판의 연속이다. 멀리 가기도 전에 바로 지평선으로부터 이제 많이 익숙해진 바람 소리가 다시 세차게 말을 걸어온다.

길을 걷다 보면 이 막막한 길 위에 있는 돌과 자갈들의 형상이 모두 다름을 새삼 느낀다. 크고 작은 돌, 참하게 생겼는가 하면 모나기도 한 돌도 지천이다. 어찌 모두 같을 수가 있겠는가. 그들은 다름으로 인해 자기만의 이름과 모습으로 살아가는 것은 우리의 삶과 다르지 않을 것이다. 그간 살아온 인연의 조각도 필시 저와 같을 것이다. 좋은 인연, 불편했던 사이, 그냥 지나친 인연들 속에서 우리 삶의 형태가 씨줄과 날줄의 형태로 엮여 자기들만의 삶의 모습을 만들어 갈 것이다.

길을 가는 동안 바람과 함께 비가 오락가락하는 바람에, 우의를 입었다 다시 벗기를 반복하면서 가는 길을 더디게 한다. 중간중간 지친 표정의 무리를 만나면 "부엔 까미노."를 서로 소리치며 격려를 하니 자연스럽게 고통과 희망의 공감대 형성이 이루어진다.

긴 무인 구간을 지나는 내내 오른쪽 대퇴부와 왼쪽 종아리에 계속 통증이 와서 제대로 발을 딛기가 어렵다. 마침 길은 거의 평지여서 큰 부담은 없지만 건조하게 똑같은 모양으로 이어지는 길을 걸으려 하니 쉽게 피곤함이 다가오는 듯하다. 거의 4시간을 가서야 중간 마을에 도착해서 좀 긴 시간 동안 다리쉼을 하며 점심 요기를 한다. 주위를 돌아보니 식당에 딸린 알베르게에서 멈추는 사람들도 꽤 많은듯하다. 레디고스로 향하는 길은 오후가 되면서 햇볕이 강렬하게 내리쪼이기 시작하니 비가 언제 왔던가 싶다. 그늘이 없어 그냥 등 뒤의 뜨거움을 계속 느끼면서 숙소에 도착해서 체크인하고 나니 갑자기 천둥 번개가 치며 다시 무지무지한 비가 쏟아진다. 참으로 변화무쌍한 날씨다.

| 들판의 해넘이가 길게 이어진다

| 비와 와인 그리고 400km

짐 정리 후 숙소 1층에서 정원을 바라보며 식당에서 저녁을 주문한다. 하루를 정리하면서 맞이하는 저녁 식사가 이 길의 커다란 위안 중의 하나이다. 향기 좋은 리호야 와인으로 고생한 몸을 위로하고, 내일의 또 하루를 준비하는 하나의 의식이자 뒤풀이다. 다시 쏟아지는 비를 바라보며, 오늘따라 진하게 다가오는 와인 향기와 함께 몸이 가라앉는 듯 편안해지는 기분이다. 이제 400km 반환점은 지났으니 스스로에게 대견하다는 격려를 보낸다.

| 레디고스의 알베르게 정원

Day 20 :

베드버그의
침공

| 아들의 걸음을 되짚어가는 아버지의 영화 〈The Way〉 벽화

📍 9/13, 수

레디고스(Ledigos) - 테라디요스데로스템프라리오스(Terradillos de los Templarios) - 모라티노스(Moratinos) - 산니콜라스델레알까미노 (San Nicolas del Real Camino) - 사하군(Sahagun) - 베르시아노스델 레알까미노(Bercianos del Real Camino), 28km

▎베드버그의 침공

밤새 잠을 설친 탓인지 새벽녘에 멍한 기분으로 짐을 정리한다. 깔끔해 보이는 캡슐형 구조의 침대였고, 시트 커버까지 씌우고 잤는데도 어제 밤새 베드버그에 시달렸다. 아마도 구석진 침대 아래쪽 부근이 확인이 안 되었는지, 자다가 가려움에 화장실로 탈출해서 샤워장 앞 의자에 쭈그리고 앉아서, 밖에서의 요란한 천둥·번개가 치는 소리를 들으며 거의 1시간 이상 있었던 것 같다. 침대등을 켜고 헤드 랜턴으로 비춰가며 잠자리를 다시 정리하고 싶었지만, 한밤중이라 다른 사람을 방해할 수 없어 망설이다가 될 대로

돼라는 심정으로 침낭으로 기어들어 가 얼굴만 내밀고 다시 잠이 들었던 것 같다. 순례길의 통과의례라고는 하지만 가려움과 잠을 제대로 못 자는 고통은 걷는 것 이상으로 참기 어렵다.

▌친구

어제 비가 온 탓인지 길을 나서는 고도 800m 마을의 아침 기온이 10도 정도로 제법 쌀쌀하다. 하늘은 다시 구름 한 점 없는 스카이블루 그 자체로 변신하여 하나의 티끌도 없는 완벽한 하늘색이다. 어제 40년 이상 지기의 오래 친구로부터 대장암 진단 소식을 들었다. 이 친구는 초기라고는 하지만 그 쾌활한 성격에도 충격을 많이 받은 모양이다. 나는 미리 비슷한 경험을 몇 번 겪은 적이 있어 지금은 그런대로 담담해져 있지만, 처음 접하는 사람들에게는 머릿속에 복잡한 생각이 들 수밖에 없다. 이제 점점 주위의 친구, 선후배들로부터 갑자기 들려오는 이별 소식들을 하나둘 접하게 되는데, 아직도 그런 자연의 순리가 낯설기만 하다. 시간이 갈수록 헤어짐에 익숙해져야 한다지만, 얼마 전 어머님이나 장모님 같은 부모세대와의 이별도 받아들이기가 쉽지 않았는데, 이제 형제나 주위의 친구들과의 관계라니 더더욱이 쉽지 않다. 아직 인생을 덜 살아서인가 보다.

소크라테스

모라티노스 마을을 지나고 산니콜라스 마을 초입에 들어서니 눈에 띄는 표시가 하나 있다.

"나는 내가 아무것도 모른다는 것을 안다. 하지만 이 마을의 두 번째 bar가 cool 하다는 것을 나는 분명히 안다. - 소크라테스-"

기발한 문구를 쓴 주인장을 홍보 담당 카피라이터로 스카우트해야 할 것 같다.

| 유머 있는 광고판

사하군 시내에 있는 노란 파사드가 특징인 교회 앞의 카페에서 점심 요기를 하려 하니 일전에 만났던 클라우디아 일행이 벌써 진을 치고 요란한 대화를 하고 있다. 여전히 쾌활한 목소리로 일행과 이야기를 하며 나에게도 손짓하는데 교회 안에 들어가 스탬프를 받아 오는 모양이다. 나는 배낭에서 꺼내기가 귀찮아서 스탬프 확인을 하루에 한두 개 정도 하는 편인데 이러한 세요라는 스탬프 모으는 데 열심인 사람들도 꽤 많다. 순례길에서 본인의 족적에 대한 선명한 확인이라 그럴 수도 있겠다.

밀밭 길옆의 황톳길을 한참 지나다 보니 갈림길 이정표가 나온다. 왼쪽은 전통적인 프랑스 루트 길이고 오른쪽은 칼사디야데로스에르마니요스 루트라고 해서, 나는 전통적 길을 택해 계속 간다. 지금까지는 거의 전통적 루트로 왔는데 때로는 새로 만든 루트에 대한 궁금점도 없지는 않지만 일단 그대로 고수하기로 한다. 이정표를 지나며 이제 400km에서 앞자리가 '3' 자로 바뀌기 시작하자 기분이 묘해진다. 기쁨인지 아쉬움인지…. 사람 생각이란 이리도 가볍고 복잡한가 보다.

| 하늘에도 가을이 성큼 와 있다

　숙소에 도착해서는 어제의 베드버그 흔적에 대한 우려로 대대적인 빨래 작전에 들어간다. 건조기에 모든 옷을 통째로 넣은 다음 다시 세탁기, 건조기 공정을 반복한 후 2층 옥상 건조대에 배낭을 포함한 모든 짐을 널어 햇볕에 쬐면서 버그와의 전투를 계속 진행한다. 이로 인해 베란다 건조대의 3분의 1은 내 빨래로 가득 차서 좀 미안한 마음이 들기도 하지만 다른 사람을 위해 만일의 사태를 대비한다며 합리화를 한다.

　마을 바에 들러 맥주 한잔하려니 시에스타 시간이다. 이 시간은 아직도 적응이 잘 안 된다. 꼭 필요할 때 문을 열지 않으니 그 생체리듬을 따라가기가 쉽지 않다. 조금 시간을 기다렸다가 작은 가게가 열자마자 맥주를 사서 거기서 만난 스페인 친구와 함께 연속되는 치어스! 그 스페인 친구는 신이 났는지 가게에 다시 가서 맥주

캔을 일행들에게 리필해 주며 스페인의 가볼 만한 곳에 대해 열띤 강연을 이어간다.

저녁을 마친 후 동네 한 바퀴를 돌아보고 이내 잠자리로 들어갔는데, 그날 밤은 전날 밤잠을 설친 데다가 오늘은 평균보다 멀리 온 탓에 밤새 완전히 기절한 것 같다.

| 사하군 시내의 조가비 벽화

Day 21 :

스페인 저택

| 별빛이 가로등과 함께 남아 있는 새벽

📍 9/14, 목

베르시아노스델레알까미노(Bercianos del Real Camino) - 엘부르고라네로(El Burgo Ranero) - 레리에고스(Reliegos) - 만시야데라스무라스(Mansilla de las Mulas) - 비야누에바데라스만사나스(Villanueva de las Manzanas), 30km

오늘도 먼 길이라 일찍 출발하기로 한다. 가을로 접어들면서 아침 기온이 점점 더 쌀쌀해지고 하늘은 어둡다. 차가움을 느끼게 되는 별은 따듯한 여름 별들과는 조금씩 달라지는 듯한 모습이다.

헤드 랜턴으로 더듬어 가며 가는 길에 먼 산의 실루엣이, 길을 걸어가며 보고 또 봐도 계속 그 자리에 남아 있어 마치 시간이 멈춘 것 같다. 중간에 장애물이라고는 하나도 없는 평원이라서인지 해가 뜨기 시작하면서부터 저 멀리 아스라하게 〈반지의 제왕〉에서나 볼법한 병풍처럼 자리 잡은 산들이 녹록한 접근을 허용하지 않는다. 하지만 레온을 지나 앞으로 저 길을 넘어 산티아고로 가야 한다는 생각을 하니 많이 부담스럽게 다가온다. 엘부르고라네로 마을 입구에 들어서니 한 알베르게에는 국기들이 게양되어 있는데 몇 안 되는 성조기, 프랑스 국기 한가운데에 태극기도 떡하니 자리 잡고 있다.

| 초록, 블루와 햇살이 어우러지는 길

❙ 스페인 저택

레리에고스에 도착해서 푸짐한 샐러드에 맥주 한 잔으로 느긋하게 점심 식사를 하고, 식당과 붙어 있는 알베르게에 베드가 있어 숙박할까 하려다 6km를 더 걸어 만시야까지 가기로 한다. 고속도로를 보면서 한참을 걷다가 포르마 평원의 넓은 포도밭과 과수원을 가로질러 지나가니 만시야에 도착한다. 제법 먼 길을 한낮의 뜨거운 태양을 받으면서 걸어와서인지 오늘따라 많이 지친다. 서둘러 눈에 보이는 알베르게 겸 식당으로 들어가 간단한 요기를 하며 체크인을 하려니 자리가 없다고 한다. 주인인 듯한 중년의 여인이 그렇게 친절하지 않다. 순간 난감한 가운데 결정을 해야 하는데, 또 다른 마을까지 가기 위해 다시 출발해서 최소 4~5km를 더 걷기에는 기력이 너무 소진되었다. 이때 까미노 루트에서 좀 떨어진 쪽으로 펜션 같은 숙소가 있다는 단비 같은 정보에 안도하는데, 거기까지는 정식 루트가 아니어서 이정표가 잘 없으니 숙소에서 차를 보내준다고 한다. 거의 20일여 만에 10분도 채 안 되는 시간이지만 잠시 호사를 한다.

숙소는 마당이 아주 넓은 개인 집을 개조를 해서 알베르게처럼 운영한다. 정원에 여러 종류의 과실나무에 작은 pool이 있고 아이들 놀이터도 있는 스페인 일반 가정집인 듯한 곳에서 처음으로 하루를 묵게 된다. 투숙객으로는 한국인들과 프랑스인 일행, 미국인인 듯한 사람들로, 집 안에 있는 재료를 마음대로 써서 각자 식사

준비를 하면서 아주 여유롭고 분위기 괜찮은 저녁을 맞이하게 된다. 냉장고 앞에는 가격별로 와인이 구비되어 있어 입맛대로 선택할 수 있다. 식사 후 동네를 한 바퀴 돌아보니 자그마하지만 아주 조용하고 평화롭다. 가끔씩 이런 곳에서 1, 2주 아무 생각 없이 지내는 것도 꽤 괜찮은 힐링이 될 수도 있을 것 같다.

| 스페인 저택에서의 와인

| 스페인 저택의 정원

Day 22 :

레온에
들어서다

| 레온 성당 앞에서

📍 9/15, 금
비야누에바데라스만사나스(Villanueva de las Manzanas) - 레온(Leon), 18km

프랑스 루트에서 조금 벗어난 출발지에서 레온으로 향하는 길은 친절한 이정표가 없다. 순례길의 중간중간 알림을 주는 조개껍데기 모양과 노란 화살표가 그렇게 아쉬울 줄은 몰랐다. 계속해서 구글 지도에 의지해서 가려니 아무래도 세부적인 정보는 부족한 편이고 무엇보다도 쉬어야 할만한 곳에서 커피라도 한잔할 만한 장소가 여의치 않다. 지나가는 마을들은 아침 이른 시간이라 그런지 문을 연 곳도 없고 bar나 레스토랑 자체가 거의 없는 편이다. 여기 사는 사람들은 어디서 외식을 하는지 모르겠다. 아침부터 날씨가 흐리더니 간간이 비가 내리면서 을씨년스러운 기분이다. 아침 식사를 못 한 채 출발한지라 허기가 밀려와서 중간의 벤치에서 어제 숙소의 나무에서 떨어진 배 하나로 배고픔을 달래고 차도를 따라 계속 진행한다.

  거의 3시간이 지나서 빗방울이 굵어질 때 만난 주유소에 상점이 같이 있기를 기대하고 들어가 봤지만 오로지 기름만 파는 곳이다. 종업원이 미안했는지 조금 더 가면 커피를 파는 곳이 있다며 밖에까지 나와 친절히 위치를 가르쳐 준다. 서둘러 그 장소로 들어가니 동네 사람들 몇몇이 아침부터 커피를 한잔하면서 담소를 나누고 있다. 친절한 주인아저씨는 미소를 지으며 따듯하게 데운 샌드위치와 커피를 내어준다. 땡큐! 주인아저씨.

  멀지 않은 거리였지만 정오가 가까워져서야 레온 외곽에 도착해서 아담한 다리를 지나 시내로 진입한다. 잘 가꾸어진 공원의 다리 입구에서 순례자들의 국적과 동반자 등의 설문 조사를 하는 봉사자가 여러 가지 설명과 함께 레온 관광 안내서를 나누어 준다. 다리를 지나 시내로 들어서자마자 익숙한 브랜드의 간판과 커다란 슈퍼마켓들이 나오면서 갑자기 도시의 번잡함에 정신이 산만해진다. 이 도시의 명물이라고 하는 추로스를 입에 욱여넣고 레온 성당이 있는 시내 중심으로 가다 보니 인구 20만의 도시답게 잘 정리된 길과 빼어난 건물들이 그 역사를 자랑하는 듯하다. 로마 시대부터 발달한 도시라고 하니 거의 2,000년 세월이 흐른 지금도 스페인에서 중요한 도시로 자리매김하나 보다.

| 레온 성당 내부

▎레온의 밤

　레온 성당 주변의 레스토랑은 그야말로 순례객들의 재회 공간이다. 여기저기서 반갑게 인사를 하고 그동안 길에서 만났던 많은 낯익은 얼굴들을 만날 수 있었다. 독일에서 천수백km를 걸어왔다는 독일 친구와 한국인들이 같이 둘러앉아 와인과 맥주를 주거니 받거니 하면서 서로의 건투를 축하해 준다. 비 내리는 시내 골목골목에서도 까미노 전사들을 만난다. 잘 알지도 못하는 사람들끼리도 모두 너무 반갑게 하이파이브를 하며 인사하고 포옹하기도 한다. 그간의 고달픔에 대한 자연스러운 교감과 동료애 같은 것이 함께 느껴지는 탓일 것이다.

| 사람들로 가득한 레온의 골목 풍경

주말이 시작되는 시내의 풍경, 모두 그동안의 과정에 대한 서로의 대견함을 인정해 주고 이 순간을 한번 즐겨보자는 감격스러운 표정으로 분위기가 잔뜩 고조되어 있다. 레온은 순례길에 있는 몇 안 되는 큰 도시로서의 중요한 거점이어서, 여기까지를 완주하고 다음 기회를 기대하면서 아웃 하는 사람, 새롭게 여기서부터 산티아고로 가기 위해 들어오는 사람들이 교차하면서 커다란 물갈이가 되는 지역이기도 하다. 이렇게 해서 앞으로 가는 길에는 낯익은 얼굴들이 사라지기도 하고 새로운 동료들이 많이 생기기도 한다.

비가 오는 쌀쌀한 날씨의 레온은 그 야경이 매력적이고 운치가 있다. 광장에 떨어지는 빗소리가 행인들의 시끌벅적한 소리와 함께 어우러지며 밤 풍경을 가득 메우고 있다. 내리는 비와 함께 몇 차례나 자리를 옮기며 마신 술과 밤의 분위기에 천천히 젖어드는 듯하다. 그렇게 레온의 밤은 깊어간다….

| 비 내리는 레온 시내가 촉촉이 젖어든다

Day 23 :

레온

| 레온의 골목

| 휴식

까미노 시작 이래 처음으로 레온에서 하루 휴식을 취한다. 느지막하게 잠을 청하려 해도 7시를 넘길 수가 없어 눈이 뜨인다. 자리에서 빈둥거림이 영 익숙하지가 않아서 뒤척이다 일어나서, SNS로 밀렸던 소식도 전하고 사진도 정리한다. 소식을 전하자마자 지인들이 안부 전화와 메신저 연락을 줘서 그동안의 무사함을 전달한다. 주섬주섬 옷을 입고 밖으로 나와 아침 식사로 유명하다는 추로스 집을 찾아 초콜릿과 연유 맛의 토핑을 같이 청해 커피와 함께 맛을 보니 달콤하면서도 촉촉해서 입에 붙는 느낌이다. 고급진 맛과 함께 훌륭한 아침 식사 거리이다. 맞은편 자리의 노부부가 메뉴를 주문하더니 같이 아침 식사를 하며 정겹게 대화를 나누는 모습이 보기 좋다.

까미노 동료들 몇몇과 함께 레온 시내 강변으로 난 길을 쭉 따라 걸어서 이 도시에서 유명하다는 파라도르 데 레온으로 향한다. 성을 개조한 호텔의 정면은 옛 성의 모습을 재현하며 화려하고 웅장하다. 이제 막 끝난듯한 결혼식의 하객들이 삼삼오오 사진 촬영으로 부산하다. 군인 제복을 입은 신랑과 웨딩드레스를 입은 신부의 모습들이 영화에서나 볼법한 훌륭한 조화를 이루며 즐거운 표정들이다. 하객들의 옷차림도 남녀 모두 모델처럼 fit이 잘 맞아 깔끔하고 세련됐다. 멋을 제대로 부리는 사람들이다.

| 레온 시내의 공원, 당일 날짜가 표시된다

그동안 500km를 오느라 고생한 데 대한 자축으로 호텔의 레스토랑에 들러 나름대로 괜찮은 점심 메뉴를 시켜본다. 애피타이저와 함께 나온 스테이크와 양 갈비 맛이 스파클링 와인과 아주 잘 어울리며 흠잡을 데가 없다. 이 정도면 적절한 보상으로 손색이 없다. 식사 후 가우디 건축물인 카사데보티네스(Casa de Botines)를 감상하러 들어가 보니 천재의 손길이 건물 구석구석 자리 잡은듯하다. 건축물에 별로 조예는 없지만 중간중간 원형 발코니 공간과 각 층의 연결 구조가 아주 마음에 든다. 밖에는 비까지 내려 발코니에서 내려다보이는 차분한 도시 광장과 건물들 전경이 낭만적이다. 이국이라 그런지 아직도 느껴지는 소년 감상은 새롭지만 그리 낯설지 않은 느낌이다.

| 레온의 파라도르

| 가우디 생가 내부의 원통형 발코니와 그림

레온 대성당으로 향해본다. 외관부터 고딕 양식의 엄청난 건물 외양이 압도적이다. 내부에 들어서자 가장 먼저 눈길을 끄는 것은 각 창문을 장식하는 스테인드글라스다. 지금까지 내가 본 것 중에 아마도 가장 화려하지 않을까 싶다. 하나하나의 색깔과 문양이 다양하면서도 강렬한 색감이라 들어오는 빛과 조화를 이루는 모습

이 현란하고, 성당 중앙을 중심으로 전체적인 조화와 균형이 문외한이 보기에도 멋있게 자리 잡고 있는 것 같다. 이런 대성당을 만들 때 오래도록 민초들의 수많은 애환이 필히 있었겠지만, 어쨌든 시간이 지나 이런 건축물들이 방문하는 많은 사람에게 자랑거리가 된다는 것이 한편으로는 부럽기도 하다.

레온에서의 달콤한 하루의 휴식을 마치고 내일부터는 다시 이 길을 나서야 한다. 광활했던 메세타 지역이 끝나 아쉽기도 하지만, 새로운 까미노에 대한 기대가 다시 마음을 재촉하는 것 같다.

| 멀리서 본 레온 시내

IV
폰세바돈의
철의 십자가,

📍 레온 – 라스에레리아스

Day 24 :

혹독한 비바람,
새로운 만남

| 길은 산허리를 따라 이어진다

9/17, 일

레온(Leon) - 비르헨델까미노(Virgen del Camino) - 비야당고스델파라모(Villadangos del Paramo) - 산마르틴델까미노(San Martin Del Camino), 25km

어제 하루 쉰 덕분에 몸도 가뿐한 느낌이라 아침 일찍 준비하여 길을 나선다. 컴컴한 새벽길에 도시를 빠져나가는 까미노 표시가 잘 눈에 띄지 않아 골목과 갈림길을 여러 번 놓치는데, 여기저기 나 같은 사람이 많아 보인다. 어둑하던 하늘이 비까지 뿌리기 시작하니 서둘러 판초를 뒤집어쓴다. 도시가 너무 길고 커서 완전히 빠져나가는 데 1시간 30분 이상 걸렸고 도시의 가장 높은 지역인 듯한 언덕을 오르니 인접한 도시에 연이어 맞닿아 있다.

오늘 가는 길은 정통 프랑스 루트와 남쪽 루트가 있는데 이왕이면 옛날 길로 가는 게 나을듯하여 길을 잡았으나 선택이 그리 좋지 않았던지 N-120 도로와 인접하여 난 길이라 소음이 심하다. 까미노 사이트에는 남쪽 길 중심이라 어디로 갈지는 온전히 구글 지도와 가끔씩 나타나는 표지판에 의존하며 마냥 걷는다.

| 레온 외곽 성당의 12사도 형상

| 혹독한 비바람, 고립무원

허기가 질 즈음에 점심 장소를 찾아 헤매다 적당한 곳이 나오지 않아, 길을 나선 지 거의 5시간 가까이 되어서야 길가에 있는 카페테리아를 찾아 주문한 샌드위치로 늦은 요기를 한다. 오늘은 30km를 가고자 마음먹으며 길을 다시 나서는데 날씨가 심상치 않다. 저쪽 하늘 끝에서 먹구름이 달려오더니 해바라기 들판과 도로 사이로 난 길을 걸어가는 중에 엄청난 비바람이 시작된다. 벗어놓았던 우의를 다시 걸치고 걸어가는데, 들판에서 정신없이 휘몰아치는 바람과 억수같이 쏟아지는 비에 그야말로 피할 곳 없는 들판 한가운데 망연히 서 있는 형국이다.

하염없이 비바람을 맞으면서 방향을 확인하려 겨우 전봇대 하나에 기대어 위치를 확인해 본다. 핸드폰에 내리치는 빗물 때문에 확인하기도 쉽지 않아 사투 끝에 다시 길을 잡아 나서나, 우의를 걸쳐도 바지와 신발, 양말은 아까부터 완전히 젖어 들었고, 몰아치는 바람에 한기가 심하게 느껴진다. 들판을 거의 5~6km를 더 걸어서 가장 먼저 보이는 마을에 무조건 stop 한다. 근데 예약을 안 했더니 첫 번째 알베르게는 no room, 두 번째 집에서는 복도 거의 끝 편에 2층 침대의 상층부가 남아 있어 감지덕지하면서, 젖은 옷과 짐들을 풀어서 널어놓고 탈진한 몸을 잠시 누인다.

❙ 새로운 만남

저녁 식사를 하러 간 식당의 테이블 맞은편에는, 미국 해병대 출신의 78세 노익장을 과시하는 유머가 풍부한 할아버지가 앉았는데 한국에도 오래 주둔했었단다. 오른쪽은 덴마크에서 직업이 간호사인데 불현듯 이 길을 너무 오고 싶어 직장을 그만두고 그냥 와버렸다는 인형 같은 21세 아가씨이다. 왼쪽으로는 푸에르토리코 출신 부부로, 커다란 목소리의 남편 입심이 보통이 아니다. 마지막으로는 브라질에서 온 중년 남자인데, 그동안 무리해서인지 다리에 보호대를 하고 절뚝거린다. 식사 자리에서 같이 담소를 나누다가 아까부터 씩씩했던 푸에르토리코 남자의 제안으로 자기소개와 몇 가지 게임도 하면서 유쾌한 시간을 보낸다.

자기 나라 자랑하기 게임에서는 누구나 알만한 연예인 한 사람씩 소개하며 다른 사람들의 동의를 얻어야 인정이 되는 코너가 있었는데, 미국 할아버지는 존 덴버로 그럭저럭 OK…. 덴마크 아가씨는 셀린디옹이라고 해서 캐나다 사람 아니냐는 공격에 유럽에서도 살았다고 하다가 결국은 스웨덴 사람이지만 ABBA로 해서 범 EU권 인정으로 통과. 브라질 사람은 유명한 댄서이며 가수라고 하는 사람 이름을 이야기하는데 모두 잘 몰라 탈락, 푸에르토리코는 리키 마틴으로 OK…. 마지막 내 차례에서 BTS를 자신 있게 소개하자 반색하며 만장일치로 통과…. 덴마크 아가씨는 하트 표시까지 하며 너무 좋아한다는 표정으로 100% 동의한다. 역시 BTS의 힘이다….

식사 자리를 마치면서 정리하는 시간에는 누군가의 제안으로 가장 젊은 덴마크 아가씨의 미래를 위해 다들 앞으로 살아가는 데 도움이 될만한 덕담 한마디씩 이야기를 하는데, 마지막에 덴마크 아가씨가 감사하다며 화답을 하는데 눈시울이 붉어지기도 하는 훈훈한 시간이었다. 이 역시 까미노 자리에서라 가능했던 것 같다.

오늘 하루 레온을 출발한 첫날의 힘든 과정이었지만 또 이렇게 하루를 마무리한다. 침대로 누우려는 순간 벌써 사방에서 코 고는 소리가 진동한다. 이제 거의 잠자리의 필수가 된 환경이라 익숙한 느낌이다.

| 알베르게에서의 저녁 식사시간

Day 25 :

아스토르가 가는 길

| 산마르틴에서의 해돋이

📍 **9/18, 월**

산마르틴델까미노(San Martin Del Camino) - 부엔떼데오르비고
(Puente de Orbigo) - 아스토르가(Astorga), 24km

▎바람의 여인

어제 그렇게 사람을 힘들게 하던 비와 바람은 오늘 온데간데없이 자취를 감추고 선선한 아침 기운이 가을을 바짝 재촉하는 듯하다. 길을 나서 30분쯤 걸어가는데 누가 뒤에서 한국말로 인사를 하며 다가오더니, 어제 같은 숙소에 있지 않았냐고 하며 말을 걸어온다. 처음 보는 여자라 아니라고 답했더니 뒷모습으로 착각했단다. 이렇게 해서 우연히 동행하며 이런저런 이야기를 나누며 걷는데, 날렵한 체구에 걸음 속도가 범상치가 않다. 오늘은 새벽 5시경에 출발해서 벌써 두 번째 마을을 지나왔고 지금까지 매일 30km씩 걸어

왔다고 한다.

젊을 때 무에타이 등 운동을 많이 해서 체력에는 자신이 있다고 하는데, 최근에 전 직장을 그만두고 새로운 곳으로 옮기는 사이에 잠시 그간 가고 싶어 했던 여행을 혼자 왔다고 한다. 올해 늦게나마 결혼을 했는데 남편과 시부모님도 이 여행에 적극적인 지원을 해 주셔서 많이 감사해 한다. 요즘 세대의 생활하는 방법은 내 생각이 여전히 고루한지 쉽게 이해하기 어렵다. 결혼하지 얼마 되지 않은 새신부에게 혼자서 제법 오랜 기간 되는 여행을 허락해 주는 시댁이나 응원해 주는 남편의 넓은 마음에 나도 이제 낡은 생각에서 벗어나야 할 것 같다.

이야기를 나누다 보니 생각이 건전하고 성격도 아주 밝아 그 비결을 물었더니 41년간 살아왔던 과정이 한 편의 드라마 같다. 어릴 적 불우했던 환경을 극복하고 이제는 자매와 남동생, 조카들도 자주 보며 소박하지만 남부럽지 않은 식구를 이루며 잘살고 있다고 해서 나도 큰 응원을 보낸다고 했다. 길을 걸으면서 만나는 많은 사람이 자신만의 삶의 흔적이 있고, 그러한 과정은 남녀노소를 불문하고 공유하는 사람들에게는 새로운 경험이며 자극이 된다. 부엔떼 데오르비고에 도착해서 그 여인과 작별인사를 나누었는데, 그 이후에 그 사람은 정말 바람같이 앞서갔는지 다시는 볼 수가 없었다.

| 마을 어귀의 순례자 표시

I 아스토르가 가는 길

　레온을 떠난 후 차도와 함께 가는 길이 많아 때로는 소음과 안전 문제로 쉽지 않았는데, 오늘 길은 오른쪽 마을을 지나니 다시 확 트인 들판과 함께 오르막, 내리막이 이어지며 길이 까미노답게 이어진다. 푸엔테오르비고의 인상적인 기다란 다리가 마을을 관통하여 건너편 멀리 이어진 정경이 이색적인데, 동서를 막론하고 자연과 어우러지는 다리와 같은 구조물은 길가다가 지친 사람들을 위안하는 듯하다. 빌라데오르비고 마을 한가운데 놓인 돌 비석으로 만들어진 구멍이 난 독특한 십자가상을 지나 다시 들판을 가로지른다.

황톳빛 초지와 쪽빛 하늘길의 오르막을 힘들게 계속 올라가니, 넓은 고원지대 한복판에 정말 신기하게도 오아시스 같은 집으로 된 쉼터가 나온다. 셀프서비스라는 표시와 함께 커다란 도네이션 표시의 천막과 집, 그리고 넓은 뒷마당이 자리 잡고 있다. 마당에는 차양 밑에 매트리스가 몇 개 있는 것을 보니 캠핑족의 쉼터이기도 한 것 같다. 많은 순례객이 도착해서 자유롭게 과일, 올리브, 레몬차, 과자 등 매우 다양한 간식거리를 즐기고 있어 나도 계란과 복숭아, 레몬 냉차를 골라 시장기를 해소한다. 쉼터 자리에 놓여 있던 누군가의 기타 소리가 아주 친근한 느낌이다.

내려오는 길은 시야가 확 트인 사방으로 커다란 나무숲이 양쪽으로 늘어서 있고 그 한가운데로 황톳길이 계속 이어진다. 길 중간에 나무로 된 십자가와 함께 269.5km 남았다는 푯말이 순례객들에게 희망인지 아쉬움인지 모를 표식을 제공해 주고 있다. 내리막으로 이어지는 길 저 멀리 아스토르가(Astorga) 대성당 같은 건물이 보이는데, 금방 닿을듯한 거리는 성 토르비오의 십자가를 지나고 마을 언덕을 힘겹게 올라서 거의 1시간 30분 정도를 쉬지 않고 걸은 후에서야 도착할 수 있었다. 전날의 실패를 재현하지 않기 위해 어제 미리 예약해 둔 숙소는, 근처에 도달했는데도 간판이 안 보여 건물 주위를 거의 30분 이상 찾아 헤매다 들어갈 수 있었다.

| 부엔떼데오르비고의 마을 입구 다리

짐을 정리한 후 도시의 광장에 있는 식당에서 점심 식사로 시킨 오믈렛 맛이 주문을 잘못했는지 너무 짜기만 해서 먹는 둥 마는 둥 하고 시내를 돌아본다. 저녁은 숙소에서 해 먹기로 하고 오랜만에 슈퍼에 들러 저녁거리와 내일 아침거리를 준비해 가져다 놓고 산타마리아 성당으로 향한다. 도시 규모보다 훨씬 큰듯한 성당을 둘러보고서 마침 열려 있는 옆의 소성당으로 들어가 홀로 앉아본다. 산티아고에 가까워지면서 기쁨보다는 허전함, 아쉬움 등 여러 가지 느낌들이 뒤섞이면서 마음이 조금 복잡해진다. 내가 원했던 바람들과 현실로 다시 돌아갔을 때의 괴리감에 대한 막연한 불안감일지도 모르겠다. 사실 그 어떤 소망이나 바람 때문에 여길 왔던 건 아니었는데, 어떤 생각이었는지 여전히 나 자신이 잘 가늠이 되질 않는다.

이제 이틀 후면 피레네산맥 이후 다시 오르막 내리막을 거치며 이 장정의 최대 고도인 1,500m 정상에 있는 폰세바돈과 철의 십자가로 향해야 한다. 새롭게 마음을 잡아야 할 시점인 것 같다.

| 아스토르가 가는 길의 돌 십자가

Day 26 :

작은 교회의
성가

| 아스토르가 대성당과 가우디 건축물

📍 9/19, 화

아스토르가(Astorga) - **산타카탈리나데소모사**(Santa Catialina de Somoza) - **엘간소**(El Ganso) - **라바넬델까미노**(Rabanel del Camino), **24km**

날씨가 찌뿌드드하더니 길을 나선 지 얼마 되지 않아 어깨통증이 심해진다. 길을 걷는 시간이 길어지면서 배낭을 감당하기 점점 힘들다. 교대로 한쪽 팔로 힘을 분산하다가 양손으로 지탱하기도 하고, 등으로 버티기도 하지만 쉽지 않다. 그러더니 이젠 이전에 계속 괴롭히던 왼쪽 무릎까지 말썽이다. 모든 게 정상일 수가 없음을 받아들이는 수밖에 없지만 쉽지가 않다. 아직도 갈 길이 많이 남았는데 조금만 더 버텨주면 좋겠다.

엘간소의 작은 가게에서 잠시 쉬면서 호흡을 가다듬는다. 한국말이 들려 돌아다보니 한국인 젊은 부부가 자전거로 순례 중이라고 한다. 너무 힘들어 며칠이 지연되고 있다고 하소연하며 앞으로 가야 할 길에 대해 한걱정하면서, 다시 자전거 페달을 밟으며 길을 나선다. 이 가게에는 손으로 만든 기념품과 여러 가지 소품이 아기자기하게 진열되어 있어, 나도 순례길 문양이 있는 가죽끈과 내일 철의 십자가에 올려놓을 "Oh happy day"라고 쓰인 작은 소망 돌을 준비한다.

엘간소 마을을 거의 빠져나올 무렵 오르막을 만나자 뭔가가 허전하더니 스틱을 가게에 두고 왔음을 알아챘다. 어깨와 무릎 통증이 있는 와중에 설상가상이 따로 없다. 여기서 다시 1km를 돌아가면 왕복 2km를 더 걸어야 한다. 마지막 2km는 사람을 녹초로 만들지만, 스틱 없이 내일 산행을 할 수 없어 찾아오는 수밖에 없다. 돌아가서 스틱을 찾아 다시 오르막길로 올라가니, 중간에 어제 만났던 푸에르토리코 부부가 웃으면서 인사를 한다. 건장한 체격의 남편은 열심히 부인을 돌보며 같이 보조를 맞추고 있다.

느리지만 힘들게 목적지인 라바넬델까미노에 도착하자마자 공립 알베르게로 향해 숙소를 확인하고자 하니, 놓인 배낭 순으로 내 순서 바로 앞에서 마감되어 버린다. 오늘은 여러모로 참으로 쉽지 않은 날인가 보다. 숙소를 찾아보니 근처에 작은 호텔이 있어 거기서 여장을 풀고 잠시 숨을 돌린다.

▍라바넬의 작은 교회

　1층 바에서 간단히 점심을 해결하고 마을을 돌아보다가 종탑에 종이 위아래로 3개 매달린 오래된 작은 교회가 눈에 띄어 다가가니, 아주 작고 빈한한 느낌이지만 분위기가 고풍스럽고 성스러운 느낌이 난다. '몬테'라고 하는 교회는 독일 바바리아 주에 있는 성 오틸리엔 포교 베네딕트 수도원 소속이며 나그네와 순례자들에게 작은 쉼터를 제공하고 기도해 주는 사명이 있다고 한다. 입구에는 미사 시간 안내와 함께 6개 국어로 된 교회 설명서도 붙어 있는데 그중에 한국어도 있다. 성당 안으로 들어가 보니 약간 어둡고 여기저기 무너져 내린 벽 때문인지 실내 분위기에서부터 순례자들과 수도자들의 애환과 고뇌가 느껴진다. 왼쪽에 있는 제대에 작은 초를 봉헌하며 보니, 제대 위 예수님의 고상이 조명을 받아서인지 유난히 가까이 다가오는 것 같다.

| 라바넬의 몬테 성당

　식사 전에 저녁 미사에 참석하니 많은 순례자로 작은 교회가 꽉 찬다. 처음부터 끝까지 6명의 신부가 그레고리안 성가를 부르며 이어지는 미사가 내용은 잘 모르겠지만, 약간 지루한 듯하다가도 절실한 느낌이 들었는데 이 미사에 참석한 순례객들의 표정도 엄숙하게 빠져들어 가는 느낌이다. 주임 신부께서 말미에 영어로 내일 철의 십자가로 가는 길에는 매우 춥고 힘든 여정이 기다리고 있겠지만 순례자들의 삶에 아주 의미 있는 기회가 될 것이라고 하며, 이

를 위해 많은 기도와 축복을 해주신다. 폰세바돈의 언덕과 철의 십자가(Cruz de Ferro)는 까미노 일정에서 대단히 중요하고 의미 있는 시간이라고 하니 미사가 끝난 이후에도 교회에서 잠시 머물며 묵상에 잠겨본다.

| 라바넬에 있는 베네딕토 수도원의 몬테 성당 안내문

Day 27 :

철의
십자가

| 폰세바돈 가는 길

📍 9/20, 수

라바넬델까미노(Rabanel del Camino) - **폰세바돈**(Foncebadon) - **철의 십자가**(Cruz de Ferro) - **엘아세보**(El Acebo) - **몰리나세카**(Molinaseca), 25km

▎폰세바돈

후반부의 어쩌면 가장 상징적인 장소 중 하나인 폰세바돈을 향하는데, 1,500m가 넘는 고지인 만큼 체력 조절에 주의해야 한다고 한다. 동네 골목을 나서니 어스름한 가로등 위로 커다란 별이 하나 높게 떠 있어 오늘 갈 길에 대한 축원이라고 애써 생각하기로 한다. 어제 수도원 미사 참례 덕분인지 아니면 약 기운 때문인지 몰라도 어깨 통증은 많이 괜찮아진 느낌이다. 새벽어둠 속을 향해 황톳길을 따라 천천히 올라가는데 경사가 우리나라 산보다는 급하지 않아 그런대로 갈만하다. 아침 기온이 8도 정도로 쌀쌀한 기운이 들어, 있는 대로 옷을 껴입고 출발했는데 오르다 보니 온몸이 땀에 흠뻑 젖어버린다.

해가 뜨면서 서서히 산 밑의 정경이 모습을 드러내는데 낮은 관목과 갈색으로 변한 나뭇잎의 물결이 스페인 북부 산악 지대의 맨 근육을 드러내는 듯하다. 약 5.5km 거리를 1시간 30분 정도 오르니 멀리 폰세바돈 마을이 스위스 마을 정경처럼 편안한 모습으로 모여 있다. 마을 입구에는 커다란 나무 십자가가 마치 엑스칼리버의 검이 바위에 꽂혀 있는 듯한 모습으로 순례객들을 맞이한다. 마을 한가운데의 번잡한 쉼터에서 잠시 쉬는데, 여기저기 낯익은 얼굴들이 많이 보이고 모두 정상에서 보자고 외치며 서로의 무사함을 기원해 준다.

▌ 철의 십자가(Cruz de Ferro)

오렌지와 커피 한 잔으로 잠깐 체력을 충전한 후 정상에 있는 철의 십자가를 향해 다시 오른다. 그러다 갑자기 몰려온 구름에 순식간에 시야가 흐려져 더듬더듬 길을 따라 올라가다 보니, 별안간 돌무덤 위에 놓여 있는 십자가가 기대보다는 매우 소박한 모습으로 나타난다. 온통 철로 만든 커다란 십자가를 상상했었는데 기다란 전봇대 같은 높은 꼭대기에 회색의 철로 된 자그마한 십자가가 올려져 있다. 그 주위에는 아마도 1,000년의 성상만큼이나 순례자나 지나가는 사람들이 올려놓았을 것 같은 돌들이 높다랗게 쌓여 있다. 나무 기둥에는 사진과 스티커가 빼곡히 붙어 있고, 까미노를 상징하는 조가비도 여기저기 걸려 있다. 이 모든 것들이 한 사람, 한 사람의 염원을 담은 간절함으로 놓였을 것이다. 나도 어제 엘간소의 가게에 들러 골라둔 소망 돌에다가 한글로 적은 "모니카, 도미니카, 토마스 아퀴나스 모든 가족의 행복"을 기원하는 작은 돌을 올려놓는다.

철의 십자가 돌무더기 근처에서 많은 사람의 간절함의 흔적을 보며 나도 잠시 눈을 감아본다.

그간 살아온 삶의 궤적이 제대로 굴러온 것인지….
가족들을 떠올리며 아내와 아이들 한 사람, 한 사람에 대해 생각을 하며 그동안 나의 위치에서의 역할에 대한 회한을 되짚어 본다. 살아오면서 직장, 사회생활과 가족들과의 관계에 균형을 유지하지 못하는 것을 느끼면서도, 우리 시대의 가치관을 빌미로 소홀했던 가족과의 시간과 공감에 있어서 많은 아쉬움과 부족함을 느낀다. 아마 나의 주위에 있던 사람들에게 주었던 서운함도 모르는 사이에 많았을 것이다.

이 길이 끝나면 내가 뭔가 달라지기를 기대하는지 자문해 보지만, 내면으로부터의 완강한 저항과 살아온 생활의 관성 때문에 확실한 자신이 없다. 한 호흡씩 쉬어가며 역지사지의 노력을 계속하

도록 노력하는 수밖에….

 정상에서 엘아세보를 향해 가는 내리막은 숲길 사이로 사람 하나가 겨우 지나갈 정도의 좁은 길을 따라 끝도 없이 이어지는데, 그냥 내리막이 아닌 업다운을 거듭하는 길이다. 바위와 거친 자갈투성이라 걷기가 여간 힘들지 않아 오르막길보다 훨씬 어려운 것 같다. 만하린의 작은 마을을 지나가다 보니 작은 간이 카페가 있어 들어가니 몇 안 되는 의자와 함께 모닥불이 피어 있다. 부부가 함께 운영하는 곳의 실내에서, 따듯한 모닥불과 함께하는 커피 한잔에 몸이 서서히 풀리면서 운치 있는 실내 분위기를 느껴본다. 곧이어 아일랜드에서 온 부부가 합류하고 호주에서 온 아주머니도 조인해서 작은 카페 안이 꽉 차면서 따뜻한 기운을 함께 나눈다. 구름이 걷히면서 위에서 보는 정상 아래의 풍경이 구름과 큰 산의 골짜기와 함께 스케일 크게 펼쳐진다. 거의 6km 정도를 비틀거리며 내려와서야 엘아세보에 도착해서 겨우 점심을 해결한다.

| 많은 사연과 기원이 함께하는 철의 십자가(Cruz de Ferro)

❙ 할아버지 순애보

점심 장소로 들른 식사 자리에 아까 내려가는 길에, 자기는 뼈가 너무 많아 조심해야 한다고 너스레를 떨던 지난번에 만났던 미국 해병 출신 할아버지가 지친 모습으로 입구로 들어서면서 반가운 표정으로 테이블에 합석한다. 이런저런 이야기를 하던 중에 6개월 전에 48년 동안 해후했던 아내분이 돌아가셨다고 하며, 이 길은 자신에게 그러한 의미가 있고 아까 철 십자가 주위의 돌 더미에 'Carol'이라는 아내 이름의 소망 돌을 놓고 왔다고 사진을 보여준다. 담담하게 이야기하면서도 전해지는 순수한 느낌은 가슴 찡한 순애보 그 자체다. 그렇게 사랑한 아내를 기리기 위해 78세 노인의 몸을 이끌고 800km의 산티아고 길을 혼자서 걷고 있다. 자신은 속도가 늦어 알베르게에서 가장 먼저 출발해서 가장 늦게 도착하는 사람이어서 가장 오랜 시간 까미노를 즐기노라고 조크를 한다. 여기 온 수많은 사람이 품고 있는 크고 작은 사연들만 들으며 공감해도, 이 길에 합류한 의미는 충분한 것 같다.

❙ 만하린 부근의 모닥불이 있는 쉼터

▎몰리나세카, 라면의 향수

마침내 지루하고 힘든 내리막길을 내려와 오늘의 목적지인 몰리나세카에 도착한다. 도시 입구에서부터 펼쳐진 마을의 정경이 한눈에 들어온다. 길의 왼쪽 편 개울이 시원하게 마을을 지나고 있고, 여기저기 놓여 있는 다리가 모두 다른 모습으로 개천을 건너고 있다. 알베르게 아래의 개울가에서는 먼저 온 사람들이 해바라기를 하면서 행복한 표정으로 느긋하게 쉬며 지나가는 사람에게 아는 체를 하고 있다. 마을 전체가 숲속에 자리 잡은듯하고 마을 한가운데에 있는 교회가 마을풍경의 정점임을 확인해 준다. 다리를 건너 예약한 숙소로 들어가는 입구에 김치 사발면과 젓가락 표시가 커다랗게 붙어 있다. 그것도 한국 사발면이라니…. 예상 밖의 등장이 그렇게 반가울 수가 없다.

체크인하면서 주인에게 물어보니 한국을 아주 잘 알고 있고 지난해 한국에 다녀온 적이 있다고 하며, 한국인 지인과 함께 사업에 관해 이야기도 하는 모양이다. 아무튼, 명랑하고 친절한 주인 덕분에 깨끗한 숙소에서 사발면 한 그릇으로 사치스럽게 시장기를 해결한다.

저녁에는 동네 한 바퀴를 돌면서 조그만 가게에 들러 필요한 과일과 주전부리를 사서 비상식량으로 준비해 놓고, 저녁을 해결할 만한 식당을 찾아 나선다. 길가로 난 레스토랑에 들러 조가비 해산물과 와인 한잔으로 하루를 마감하는데 건너편 식당의 바비큐 냄새가 장난이 아니어서 메뉴 선택에 후회가 밀려온다. 역시 후각으로 느끼는 유혹의 위력은 대단하다.

| 산골의 작은 마을이 정겹다

Day 28 :

긴 아침의 잔혹사

| 몰리나세카의 투명한 마을 입구

📍 9/21, 목

몰리나세카(Molinaseca) - 폰페라데(Fonferrade) - 카카베로스(Cacaberos) - 피에로스(Pieros), 27km

❙ 긴 아침의 잔혹사

새벽부터 비가 거세다. 마을 가로등을 따라 길을 잡아 나가다 외곽으로 빠지니 깜깜해진다. 헤드 랜턴 챙기는 것을 깜빡해서 다시 꺼내려니 복잡하다. 쏟아지는 빗속에서 판초를 벗고 배낭에서 헤드 랜턴을 꺼내 배낭을 다시 메고 판초를 입고…. 그러는 사이 옷이 홀딱 젖을 것 같다. 핸드폰 플래시로 길을 비추며 가다가 비에 너무 젖어 다시 중단. 그렇게 더듬어 가다 결국 오른쪽으로 길을 잘못 들어서 한참을 돌아 다시 나온다….

희미하게 동이 트니 그나마 사방이 분별이 되어 길 찾기가 조금 나아지는데, 다음 마을에 거의 다 가서 다시 길을 잘못 든 것을 알고는 큰길 방향으로 가로질러 나가다 보니, 갑자기 3m 이상의 낭떠러지이다. 다시 돌아서 왔던 길을 나가려니 너무 멀어져, 할 수 없이 스틱을 지탱하며 조금씩 딛고 내려가다 비가 와서 진탕이 된 언덕에서 사정없이 미끄러지면서 아래쪽 배수로로 직행한다. 순간 정신을 차려 온몸의 상태부터 점검해 본다. 우선 일어설 수 있는지를 확인하고 팔다리를 움직여 보니 뼈나 근육이 크게 다친 곳은 없는듯하다. 메고 있던 배낭이 완충 작용을 해준 것 같다. 온몸의 몰골은 진흙투성이로 엉망진창이나, 다치지 않은 것에 너무나 감사할 뿐이다. 길바닥 웅덩이에서 진흙을 뒤집어쓴 괴기한 몰골을 한 채 흙더미를 대충 털어내려 하나 여의치가 않다. 아침부터 힘겨운 시작이다.

▎ 폰페라데

폰페라데에 도착하자마자 카페 화장실로 직행해서 상황 재정비를 한다. 우의와 바지 진흙을 대충 씻어내고 흙덩이가 묻은 배낭도 닦고 나니, 아침에 청소해 놓은 듯한 화장실이 아수라장이 되었다. 미안한 마음에 물휴지로 세면기와 바닥을 대충 청소한 다음 나가서 커피 한 잔으로 정신을 차린다. 정신을 가다듬고 오늘의 교훈을 정리해 본다. 첫째, 비가 오는 궂은 날은 가능한 날이 밝을 때 출발하고, 불가피할 경우 헤드 랜턴은 필수로 확인한다. 둘째, 혹시나 하는 무모한 시도는 하지 않는다. 마지막까지 몸을 성히 하는 순간의 자제력이 중요하다. 어이없게도 이런 단순한 것들을 시행착오를 거치고 나서야 알게 된다고 생각하니 한심한 생각이 든다.

| 폰페라데의 템플기사단 고성

 정상적으로 도착했으면 템플기사단의 도시라는 폰페라데를 천천히 돌아보았을 텐데, 비도 오고 시간도 지체되어 아쉬운 마음을 뒤로하고 바로 길을 다시 나선다. 도시 입구에서 만나는 템플기사단의 고성이 중세 시대의 모습을 그대로 재현하며 웅장한 외관으로 자리하고 있다. 언덕 위에 튼튼한 요새의 모습으로 서 있는 정면의 압도적인 모습과 옆면으로 길게 이어진 성벽은 색이 바랜 돌과 함께 세월이 흐름에도 그 위용을 간직하는 듯하다. 도심 한가운데를 지나고 외곽의 잘 정비된 공원 쪽으로 빠져나가며 다시 한바탕

오르막을 오르니 한적한 외곽길이 나온다.

작은 도시지만, 포도밭으로 둘러싸인 콜롬브리아노스 마을을 빠져나오는 길목에는, 마을회관 같은 건물 앞에 탁자가 놓여 있고, 그 위에 포도와 다른 과일 등이 도네이션이라는 표지판과 함께 진열되어 있다. 이 도네이션이라는 말이 주는 대가의 적정성은 항상 애매하다. 그렇다고 그 표지판을 보고서 그냥 집어 오기에는 아마도 뒤통수가 너무 따가울 것 같다. 1유로를 내고 포도 한 송이를 가져가려는데, 마침 그 집에서 나오던 할머니가 나를 보더니 막 뭐라고 이야기한다. 뭐가 잘못된 건지 몰라 쳐다보고 있으니 커다란 포도 한 송이를 더 가지고 와서 손에 쥐여주신다. 너무 많아 순간 난감하던 차에 마침 지나가는 순례객이 있어 나누어 주고 같이 먹으면서, 1유로에 행복해진 우리는 함께 웃음을 나누며 한층 가벼워진 발걸음이 된다.

힘겹게 도착한 카카베로스에서 늦은 점심을 해결하려고 식당에 들러 주문을 하려는데, 종업원 아주머니와의 의사소통 문제가 다시 생기고 만다. 스페인어로 된 메뉴판을 보며 어찌어찌 맥주 한 잔과 함께 주문한 수프는 우리나라의 멀건 시래깃국 같은 것에 완두콩과 감자 한 쪽이 들어갔는데 맛이 오묘하다. "시장이 반찬이다." 라고 한 속담도 가끔씩 예외가 있나 보다. 스페인어를 조금이라도 배우고 오지 않은 데 대한 반성을 하면서, 그래도 허기를 달래준 감사의 표시로 그릇을 깨끗이 비운다.

| 접시가 조가비 모양이다

| 피에로스에서의 작은 인연

　피에르소에 예약한 숙소는 지난번 산볼을 연상할 정도로 아주 작은 알베르게이다. 소박한 식당을 지나니 남자, 여자 화장실 겸 샤워실이 각 한 개. 빨래터는 바깥쪽 마당에 개수대가 하나 있는, 거의 자연산이다. 숙소 안쪽에는 2층 침대가 여럿 있는데 아마도 꽉 찰 모양이다. 이 숙소로 꾸역꾸역 비 맞은 몰골의 사람들이 계속 모여든다. 빠르게 샤워한 다음 그나마 고맙게 배정된 1층 침대에서 고단한 몸을 누이며 잠시 긴 하루를 돌아본다. 이 까미노 여정은 매일 다른 길을 걸으며 또 다른 경험과 이야깃거리로 채워지면서 그 새로움이 지속되는 것 같다. 여러 번 다시 오는 사람들도 자신의 감동을 재현하고자 하는 생각과 함께 이러한 새로운 소재에 대한 기대감도 있어 나에게는 무모해 보이는 시도를 반복하는 것 같다.

저녁 식사는 숙소에 도착한 사람 모두가 기다란 테이블 2개에 모여 다 같이 하는 자리다. 주인장의 훌륭한 순례자 코스 메뉴를 모두게 눈 감추듯 해치운다. 처음 나온 야채수프도 그렇고 주메뉴인 닭고기 찜 같은 음식은 오랜만에 느끼는 푸짐한 맛이다. 우리 테이블에서도 이야기를 좋아하는 서양인들이 주류인지라, 식사 전에 서로 자기소개를 하고 인사를 나누며 호구조사와 개인정보 공개가 시작된다. 옆에 앉은 착하게 생긴 독일 사람 일행들, 세르비아인가 하는 동유럽 아가씨, 스위스 아주머니, 미국인 젊은 친구들과 네덜란드 사람 등. 그중에 네덜란드 출신 67세 아저씨의 입담이 압권이다.

자국어 외에 영어, 독어, 스페인어까지 자유자재다. 유럽인들의 경쟁력인 것 같다. 그러다 보니 알베르게에 있는 각국 사람들과 거의 대화가 가능하다. 많은 이야기 끝에 나에 대한 질문으로 이어지고, 나는 직장을 은퇴하고 그동안 하고 싶었던 여행이 금년에 불현듯 생각이 나서 왔다고 하니 의외인 듯 왜 그렇게 일찍 은퇴했느냐고 나이를 물어본다. 서양인들에게 동양인이 한참 젊어 보인다는 것을 다시 확인하면서 어쨌든 젊어 보인다는 말이 그리 싫지는 않다.

갑자기 네덜란드 아저씨가 예고도 없이 나에게 옆에 앉은 전공이 교육학인 대학을 막 졸업한 미국인 3명의 젊은이에게 사회 경험을 오래 한 시니어로서 도움이 되는 한마디를 해달라고 한다. 한국어로도 쉽지 않은데…. 잠깐 고민하다 젊었을 때 하고 싶은 일들은 미루지 말고 일단 실행하고, 그 결과보다는 과정에 가치를 두는 것이 좋겠다고 당부한다. 내가 10년 전에 이 길을 오고 싶었던 것을 지금에서야 와서 아쉬운 부분도 있다고 말하자 질문들이 쏟아진다. 10년 전에 왔다면 지금까지 살아온 길이 변했을 것 같냐고…? 곤혹스러운 질문이지만, 만약에라는 가정에 관한 결과는 아무도 모르겠지만 그렇게 했다면, 아마도 지금보다 좀 더 시행착오를 줄이고 내실 있지 않았겠냐고 대답은 했지만, 나중에 스스로에게 반문했다. 10년 전이면 내가 현직에 있을 때인데 과연 직장을 그만두고 올 수가 있었을까? 설사 온다고 해도 그다음 10년을 더 의미 있게 살았을까…? 그 가정에 대한 답은 알 수 없다. 하지만 중요한 것은 그 기간은 모르겠지만, 앞으로 가야 할 삶이 아직 남아 있다는 것이니까….

| 피에로스의 알베르게에서, 가족 같은 저녁 식사 풍경

Day 29 :

한밤의 처량함

| 루가에레리아스의 평온한 초원 풍경

📍 9/22, 금

피에로스(Pieros) - 비야프란카델비에르소(Villafranca del Bierso) - 베가데발카르세(Vega de Valcarce) - 라스에레리아스(Las Herrerias), 26km

어제의 시행착오 방지를 위해 헤드 랜턴을 미리 챙겨 새벽공기를 마시며 길을 나선다. 비가 온다는 예보도 있어 겉옷을 단단히 준비하고, 반복되는 오르막 내리막 언덕을 몇 개 지나니 포도밭 사이로 선명해지는 햇살과 함께 멀리 보이는 마을들이 평화롭다. 여기저기 집들의 방 안에서 하루를 시작하는 노란 조명등이 하나둘 켜지는 것을 보니 또 새로운 일상을 준비하나 보다. 왼쪽 언덕에 실루엣처럼 걸쳐 있는 작은 교회 건물을 지나니 멀리 비야프란카 마을이 풍경화처럼 눈에 들어온다.

마을 입구에 있는 와인 농장을 지나 마을 안으로 들어서니 그 규모가 꽤 커 보인다. 용서의 문이 보존되어 있다는 고딕 양식의 교회 앞에는 아직 주황색 가로등이 켜져 있어 마을로 들어가는 사람들의 파수꾼처럼 서 있다. 규모가 큰 주택들이 마을 여기저기에 자리를 잡고 있는데, 귀족과 주교들의 거처였다고 하며 커다란 수도원 건물도 외관이 수려하여 도시의 품위를 지켜준다. 다리를 지나 마을 끝의 카페에 들러 잠깐 어깨 쉼을 하고 다시 발카르세로 향한다. 이 구간은 발카르세 계곡 사이에 난 자동차 도로 옆의 길을 따라 매우 지루하게 이어지는 구간인데, 계속해서 소리치며 쌩쌩 지나가는 자전거 순례객들의 추월이 계속 신경 쓰인다.

| 비야프란카의 새벽 언덕

많은 사람은 편의시설이 상대적으로 많은 발카르세에서 머무는 듯 여기저기 숙소에서 먼저 여장을 풀고 쉬고 있는 모습이다. 하지만 나는 내일 까미노의 세 번째 고봉인 오세브레이로를 지나야 하므로 6km를 더 지나 최대한 그 턱밑에 있는 숙소까지 갈 예정이다. 내가 머물고자 하는 라스에레리아스는 도착해 보니 나지막한 초원

의 목장지대와 잘 자란 숲들, 그리고 마을 어귀를 흐르는 맑은 시냇물까지 해서 아담한 유원지 같은 느낌이다. 600m가 넘는 고지대인데도 그런 느낌이 나지 않을 만큼 아늑한데, 마을 뒤로 내일 넘어야 할 산봉우리가 다소 위압적인 자태로 우뚝 서 있다.

| 비야프란카 마을

 배정받은 자리에서 대충 짐을 정리하고 잠깐 쉬려 하는데, 옆자리의 남미에서 온 사람들인 듯한 무리가 자유분방하게 큰 소리로 떠들어 대서 정신이 없다. 어딜 가든 자신들의 방식이 있겠지만 때로는 사람의 인내력을 시험해 보는 민폐는 없으면 좋을 텐데….

▎한밤의 처량함

이 숙소에는 순례자 메뉴가 없어 단백질 보충도 할 겸 소고기 스튜를 시켜 포테이토 칩과 함께 늦은 저녁을 해치운 후 일찌감치 자리에 든다. 그런데 한참 자다 보니 속이 꽉 막히고 숨이 거칠어지며 진땀이 쏟아진다. 급체인 모양이다. 저녁으로 먹은 음식이 탈이 난 것 같다. 그냥 자려 해도 도저히 견디기가 어려워 손을 더듬어 배낭 안의 비상약을 대충 챙겨 알베르게 밖으로 나간다. 약을 먹은 후 쌀쌀해진 날씨의 깜깜하고 낯선 동네 어귀를 쳐다보며, 속이 좀 가라앉을 때까지 1시간을 넘게 기다리니 조금은 처량한 기분이 든다. 마지막까지 순조로우리라는 기대는 하지 말고 매 순간 조심해야 한다는 평범한 교훈을 하나 더 추가한다.

▎라스에레리아스 마을 입구

V

갈리시아,

📍 라스에레리아스 – 페드로우소

Day 30 :

갈리시아, 그리고 오세브레이로 정상

| 오세브레이로 정상에서 바라본 풍경

9/23, 토

라스에레리아스(Las Herrerias) - 라파바(La Faba) - 오세브레이로
(O Cebreiro) - 폰프리아(Fonfria), 26km

밤새 속이 좀 진정된 것 같기도 하지만 계속 더부룩해서 그리 편하지가 않다. 산에 올라가다 보면 나아지겠지 하면서 음료수 한 잔으로 아침을 대신하고 출발하려는데, 새벽 일찍부터 전 마을을 출발한 사람들이 1층 카페로 들어오면서 홀 안과 입구가 번잡스럽다. 로비에서 클라우디아와 지난번 만났던 한국인 중년 아저씨 얼굴도 보여 인사를 하고 마을을 벗어나니, 곧장 오르막이 나오며 1차 목적지인 라파바(La Faba)까지 길게 이어진 오르막을 계속 오른다. 경사가 아주 급한 오르막이 아니라 천천히 오르면서 1시간여 정도를 가니 산 중턱의 작은 마을인 라파바가 나타난다. 마을 입구 식수대에서는 맑고 시원한 물이 콸콸 쏟아져 물을 한 모금 마시니 물맛

이 아주 좋아 수통에다가 가득 채운다. 통상 유럽의 수질을 조심하라는데 스페인의 까미노는 메세타 지역을 제외하고는 마시는 물이 풍부한 편이다. 일부 음용 불가라고 쓰여 있는 데도 있지만 많은 마을 교회 입구에는 지나가는 사람들을 위해 수도꼭지가 있고, 물은 마셔도 깨끗하고 탈이 없다.

| 라파바로 향하는 언덕길

 잠시 휴식을 위해 카페에 들러 주스를 한잔하려는데 입구에 떡국과 김치, 어묵 꼬치 메뉴가 보인다. 아니, 이런 높은 산골에 한국식 떡국에 어묵이라니…. 반가운 마음에 맛이라도 조금 볼까 하고 주문을 하려는데 점심 메뉴부터 가능하다고 해서 입맛을 다시며 돌아서는데 더 아쉬운 느낌이다. 그러고 보니 괴롭히던 더부룩한 소화 문제는 어느새 해결되었나 보다.
 라구나데카스티야라는 아주 작은 산마을의 바에 앉아 간식을 먹

는데, 오면서 몇 번 만난 적 있는, 나보다 연배가 높아 보이는 한국인 아저씨를 다시 만나 이야기를 나누니 본인도 은퇴 후 새로운 변화를 위해 혼자 왔다고 한다. 천천히 걸으며 그동안의 생각도 정리해 가며 이 길을 경험하고 앞으로의 삶에 대해서도 생각해 보려 한다고 한다. 스페인어가 유창한 것을 보니 아마도 관련된 해외 지역에서 근무한 것 같다. 마을 어귀를 지나 정상 입구로 향하니 사방의 시야가 환해지며 선명한 초록의 관목들과 초지들이 정상의 모습과 함께 눈에 들어온다. 오래전 소백산을 오를 때도 숲 사이로 끊임없는 오르막을 계속 올라가다 갑자기 나타난 사방의 확 트인 시야가 가슴을 시원하게 해주던 기억이 연상된다.

Ⅰ 갈리시아, 그리고 오세브레이로 정상

 오르막을 따라가다 보니 여기서부터 갈리시아 지역이라는 커다란 돌로 된 표지가, 가운데 붉은 십자가가 선명하고 산티아고 가는 길이라는 이정표와 함께 우뚝 서 있다. 갈리시아 지역은 스페인 서북지역 끝이며 포르투갈 위쪽에 있는 이 길의 마지막 광역 자치주로, 인구는 300만 명이 채 안 되지만 4개의 소자치구가 있고, 갈리시아어는 스페인어보다는 포르투갈어에 가깝다고 한다. 얼마 전 대학 동기가 갈리시아 지역부터는 날씨가 너무 궂어 계속 비를 맞은 기억이 있으니 그 전에 경치 좋은 곳은 충분히 즐기면서 가라는 말이 생각이 났으나, 적어도 오늘은 너무도 청명하고 쾌적한 날씨다.

| 갈리시아 지역을 표시하는 비석

 1,300m가 넘는 오세브레이로 마을 정상에 올라서니 분지 같은 지역에 마을이 제법 아기자기하게 자리 잡고 있고 알베르게도 여럿 있는 듯하다. 여기서 하룻밤을 지내도 좋겠다는 생각이 들 정도로 전망이 좋고 아름다운 마을이다. 마을 한가운데는 아주 오래된 역사를 간직한 산타 마리아 라 레알 성당이 자리 잡고 있는데, 그 안에는 성배의 기적이 있었다는 제대와 예수님 고상이 걸려 있다. 성당 안을 찬찬히 돌아보는데 통로 오른쪽으로는 빨간 촛불들이 여러 층으로 겹겹이 놓여 있고 왼쪽에는 순례자를 위한 기도가 걸려 있다.

순례자들을 위한 기도

비록 내가 동쪽에서부터 서쪽까지 산을 넘고 계곡을 건너 모든 길을 지나갔다 하더라도, 나 자신의 자유로움을 발견하지 못했다면 당신은 아직 어딘가에도 도착한 것이 아니다.

비록 내가 가진 모든 것을, 순례의 수많은 길에서 만난 다른 언어를 쓰고 다른 문화를 가진 순례객들과 공유했다 하더라도, 내가 만약 내일 나의 이웃의 잘못을 용서하지 못한다면 당신은 아직 어딘가에도 도착한 것이 아니다.

...

이 순례의 끝에 나 자신에 대한 성찰과 남에 대한 용서가 없다면, 그리고 이 모든 것이 신의 섭리라는 깨달음이 없다면 당신은 아직 어딘가에도 도착한 것이 아니다(arrived nowhere).

대충 이런 의미인 것 같다.

성당 안마당에는 까미노 길을 복원하는 데 가장 큰 역할을 했다고 하는 교구사제 돈 엘리아스 발리냐의 흉상이 서 있는데, 그는 까미노 여기저기서 우리가 이정표로 삼고 있는 노란색 화살표 모양을 고안한 사람이라고도 한다. 이분의 노력으로 지금은 수많은 사람이 쉽게 길을 찾으면서 그 혜택을 오롯이 누리고 있다. 작은 마을 여기저기에는 레스토랑과 기념품 가게도 있고, 우리나라 초가지붕 같은 밀집으로 만든 지붕으로 된 작은 고옥도 보존되어 있는데, 알고 보니 빠요사라고 하는 고대 켈트인들의 주거용이었으며 가축과 함께 모닥불을 피워가며 생활했던 장소라고 한다.

내려가는 길은 두 갈래 길이 있는데 오른쪽 길은 약간 짧지만 밋밋하게 가는 길 같아, 나는 조금은 돌아가지만 왼쪽 언덕길을 향해 나 있는 자작나무 숲길 쪽으로 방향을 정하고, 새소리와 함께 아무도 없는 조용한 길을 혼자서 음미해 가며 천천히 내려가니 한결 마음이 맑아지는 기분이다.

| 오세브레이로의 산타마리아 라 레알 성당 내부의 촛불

▮ 복병의 뽀이오 언덕

길게 이어지는 내리막은 편안한 느낌이었지만, 낮이 되면서 기온이 올라가고 아까 올라오는 오르막에서 힘을 많이 써서인지 빠르게 체력이 소진되는 느낌이다. 그런데 리나레스를 지나 뽀이오 언덕을 올라가는 길이 밑에서 보니 작은 말티고개처럼 생긴 언덕이 구불구불 오르막이 장난이 아니다. 꼭대기의 높이가 오세브레이로보다 높은 1,335m라고 한다. 마음이 풀어진 상태에서 다시 오르는 길은 정말 힘들다. 중간에 다리쉼을 몇 번을 하고서야 겨우 도착한 꼭대기에는 탈진한 듯한 사람들 여럿이 널브려져 있다. 완전히 방전한 체력을 추스르고 아직도 남아 있는 목적지까지 마지막 4km 이상을 너덜거리면서 갈 수밖에 없다.

▮ 폰프리아에서의 저녁

겨우 도착한 숙소 안쪽은 꽤 넓은 홀이 여러 개 있어 입구가 헷갈릴 정도다. 투숙한 순례객들이 많은 모양인 듯 커다란 신발장이 꽉 차 있다. 매일매일의 큰 과제인 빨래를 말리려 밖으로 나가니 커다란 마당이 있고, 그 근처에서 사람들이 해바라기를 하며 세상에서 가장 편안한 표정으로 쉬고 있다. 이 시간만큼은 그간의 힘든 과정을 잊어버리는 가장 행복한 순간이며 모두 그럴 자격이 있다. 뒷덜미를 조이는 고민도 없고, 따사로운 햇살과 주위의 넉넉한 풍광이

지친 하루의 고단함과 함께 어우러지며 수고함을 위로한다.

 저녁 식사시간이 되자 식당은 길 아래를 건너 별도의 장소가 있다고 해서 여러 사람과 같이 내려가니, 커다란 레스토랑 건물에 메자닌처럼 생긴 공간에 기다란 테이블이 이어져 있다. 높다란 천장은 조개껍데기 모양이라 까미노의 표시를 상징하는 듯하다. 자리 잡은 사람은 모두 족히 50명은 돼 보이고 주인장 부부가 나오는 음악에 맞춰 유쾌하게 음식 서빙을 하며 분위기를 주도한다. 테이블마다 서로 인사를 나누고 각자의 간단한 소개를 한다.

 내 옆에 앉은 아가씨는 4개월 전에 고국인 벨기에에서 출발해 현재 거의 2,000km를 걷고 있다는 말에 모두 입을 다물지 못한다. 중간중간 필요한 물품은 부모님이 차로 가지고 와서 전달해 주기도 한다니 대단한 가족의 힘이다. 건너편 스페인 부부는 활발함이 보통이 아니다. 와인으로 건배 제의를 하더니 음악이 나오자 나가서 댄스를 시작하며 분위기를 띄운다. 여기저기 사람들을 부르더니 몇몇이 나가 어울리며 한바탕 댄스파티가 이어진다.

 식사를 마치고 올라가는 길에는 아직 남아 있는 석양이 들판을 가득 메우고 있어, 까미노의 고된 하루에 대한 보상으로 이보다 더 좋을 수는 없는듯하다.

| 저녁 식사시간의 순례자들

| 폰프리아에서의 작은 축제 같은 저녁 식사 모습

Day 31 :

산실을 지나 사리하로

| 폰프리아의 여명

📍 9/24, 일

폰프리아(Fonfria) - 트리아카스텔라(Triacastela) - 산실(San Xil) - 칼보르(Calbor) - 사리아(Sarriha), 29km

❙ 가을 냄새

　오늘은 먼 길을 가는 관계로 일찍 길을 나서니, 내가 첫 번째인지 앞서가는 사람이 보이지 않는다. 별빛과 어우러지는 어둠 속에서 새벽공기를 마시며 일출을 맞이하는 의식(ritual)이 이제 몸에 배가는 것 같다. 갈리시아 지방의 날씨 요정이 연일 주는 선물 덕에 아직 이 지역 특유의 요란한 비나 바람 없이 쾌청한 일기가 이어진다. 고도가 아직 1,200m 정도의 고지대인지라 아침 날씨가 6~7도 정도로 내려가서 바람이 불면 귀가 살짝 시리다. 늦가을 날씨 기분이 들면서, 한국의 깊은 가을 정취가 생각나는데 마을 멀리서 굴뚝 연기도 보이고 어디선가 낙엽인지 나무인지 타는 냄새가 난다. 나는 이 내음을 좋아한다. 그윽한 향은 어릴 적 맡아본 군불 때는 냄새이기도 하고, 늦가을이나 겨울 여행을 다닐 때 시골에서 나는 깊고도 그윽한 내음을 연상시키기도 한다. 이러한 느낌은 저 깊은 기억 속을 거슬러 올라가 지나온 추억과 이렇게 깊숙이 연결되나 보다.

언덕을 오르니 앞마당에 작은 벤치와 동상이 맞아주는 작지만 아담한 bar가 노란 등을 켜놓고 영업을 하고 있다. 간단한 아침 식사를 하려는데 지난번 피에로스에서 만났던 네덜란드 아저씨와 독일 친구가 같이 와 있어 반갑게 인사를 하고 안부를 묻는다. 목적지까지 둘이서 같이 갈 예정이란다. 언어가 쉽게 통하는 데다 두 사람 모두 사람 좋아 보이는 모습이 형제 같아 보인다. 트리아 카스텔라에서 잠깐 쉬고 길을 나서는데 이탈리아에서 왔다는 아주머니가 불편해 보이는 다리를 힘겹게 끌고 까미노를 이어간다. 몸이 성해도 쉽지 않은 길을 무엇이 이토록 이 사람에게 간절함을 주는 것인지…? 조심하라는 말을 전해주고 두 갈래 코스 중에서 산실 코스로 접어든다. 원래는 사모스까지 조금 둘러 가면서 아주 오래된 수도원을 가려 했으나 그렇게 하면 사리하까지 30km가 넘어, 체력적으로 무리가 갈듯해서 조금 짧은 길을 택한다.

| 사방이 초록과 블루이다

| 산실과 사리하

 산실로 가는 길은 언덕길과 숲속 길을 따라 소박한 전원 풍경을 보여주며 축복처럼 편안하게 계속 이어진다. 양쪽 옆의 목장과 농장에는 평화롭게 소들이 거닐고, 멀리 보이는 집들과 자연스러운 조화가 유럽 전원 마을의 전형을 보여주는 듯 빼어나다. 잠시 후 리오까보 언덕을 만나면서 갑자기 오르막이 꽤 오래 지속되는데, 숨이 거칠어지며 겨우 올라와 보니 커다란 조개 모양의 문양이 있는 샘터가 반갑게 맞아준다. 거기서 오전에 만났던 일행들을 다시 만나는데 두 사람은 힘들지만 밝은 모습으로 끈끈한 한 쌍이 된 듯이 연신 농담을 나눈다.

이렇게 칼보르를 지나 사리하까지 먼 길을 도착하니, 숙소는 도심을 가로지르는 작은 강 옆에 자리 잡고 있고, 아주 깔끔한 방에 12개 정도의 침대가 있는데 오랜만에 2층 침대로 배정을 받는다. 거기서 먼저 와 있던 처음 보는 한국인 일행 3명과 만나면서 인사를 하는데 기다랗게 기른 수염에다가 차림새가 전문 산악인들처럼 보인다. 알고 보니 두 사람은 같은 일행이고 한 사람은 생장을 지나는 시작부터 우연히 만나 아예 3명이 같이 가는 중이란다. 점심 자리에서 와인을 곁들여 이런저런 이야기를 나누는데, 순례길이 끝나면 두 사람은 몰타, 이탈리아를 지나 튀르크로 갔다가 그중 한 사람은 인도에 3개월 정도 추가로 여행할 예정이란다. 순례길 이후 또 다른 여정을 몇 개월씩 이어서 하다니 세상을 다녀보니 참으로 대단한 사람이 많은 걸 보게 된다.

| 사리하 마을

| 최강자

늦은 점심을 한 탓인지 그리 시장기가 없어 근처 식품 가게에서 구한 컵라면과 과일로 저녁을 대신하고 맥주 한 캔을 들고 강변으로 향한다. 강을 따라 이어지는 산책로는 이 마을의 가운데를 관통하는데 많은 사람이 강가 자리의 식당이나 벤치에 모여 담소를 나누며 즐기고 있다. 나도 그 무리에 섞여 맥주 한잔하면서 도시의 분위기를 느껴본다.

숙소로 돌아와 지친 몸을 다시 누이는데, 아마도 자정쯤 되었을 무렵 미리 준비한 귀마개를 뚫고 들어오는 엄청난 소리가 잠을 깨운다. 바로 내 밑 자리의 아까도 심상치 않아 보이던 턱수염 아저씨의 코골이 야간 공습이 상상불허로 거의 공포수준이다. 지금까지 여러 밤을 지낸 중에서 단연 비교 불가능한 최고 수준이다. 버티다 버티다 도저히 견딜 수 없어 블루투스 이어폰으로 귀를 막고 음악을 틀어본다. 하지만 별로 소용이 없다. 베개 속에 귀를 파묻고 뒤척이는데, 옆쪽 아래의 청년도 참을 수 없다는 듯 그 대결 구도에 합류하여 전투는 더 격렬해진다. 밤새워 뒤척이다 어찌어찌하면서 새벽을 맞이한 것 같다.

Day 32 :

마침내 100km

| 포르토마린 공원에서 본 미뇨강 모습, 저녁 해넘이 풍경이 오래 지속된다

📍 9/25, 월

사리하(Sarriha) - 바리바델로(Baribadelo) - 페레이로스(Ferreiros) - 포르토마린(Portomarin), 22.5km

잠을 설친 탓인지 새벽에 일어나니 머리가 먹먹하고 무겁다. 건너편에서 자던 독일 아줌마 클라우디아를 복도에서 만나니, 어떻게 이럴 수 있느냐는 표정으로 하소연한다. 도대체 어떻게 그렇게 코를 골아댈 수가 있는지. 자기도 거의 잠을 못 잤고 너무 힘들어 밤에 녹음까지 했는데 오늘 남편에게 그 녹음된 소리를 보내겠다고 한다. 둘이서 한바탕 웃음을 지으며 새벽길을 나선다.

▎번잡해지는 순례길

사리하부터는 순례객들이 갑자기 많아진다. 대부분이 새로 만나는 얼굴이고 기억할 수도 없다. 여기서부터 100km 이상 걸으면 인증서를 준다고 해서인지 단체로 오는 사람들과 새로 시작하는 사람들이 많은 것 같다. 지금까지 지나는 길에서 나누던 "부엔 까미노."나 "올라."를 나누는 빈도도 많이 떨어지고 대충대충 건성이 된다.

어둠 속을 출발해 도심으로 올라가니 여기저기 카페에서 많은 사람이 아침 식사를 하며 출발 준비를 한다. 내가 있던 알베르게는 초입 부근이라 도심 쪽이 훨씬 번화하고 알베르게도 많은 것 같다. 교회를 지나 출발하려는데 아까 만난 클라우디아가 있어 같이 길을 나선다. 가파른 오르막이 숲속의 산 쪽 방향으로 한동안 이어지면서 출발부터 힘들게 한다. 같이 가던 클라우디아는 헉헉거리는 숨소리와 함께 너무 힘들다고 나보고 먼저 가라고 한다. 헤드 랜턴이 없는 그녀였기에 위험해 보이기도 해서 날이 밝을 때까지는 보조를 맞추며 같이 가기로 했다. 갈리시아 지방의 길은 레온 지방의 광활한 메세타처럼 평평한 길이 없다. 북부 산악 지대라서 그런지 계속해서 오르막 내리막이 이어지면서도 500~600m 정도의 고도가 유지된다. 숲속을 지나다 보면 둘레가 3m 이상은 족히 되는 아름드리나무가 푸른 이끼와 함께 군락을 이루며 커다란 숲을 이루고 있다. 어떤 나무는 몇백 년이 넘은 엄청난 둘레가 오래된 숲속의 지나온 시간을 보여준다.

| 이제 100km! 이정표

▎100km 이정표

해가 떠올라 주위를 돌아보니 지상은 온통 초록이고 하늘은 그냥 블루이다. 여기저기의 나무 둥지는 그런 단순함에 더해진 소박한 단장인데, 자연스러운 정갈함에 더 얹어져 장식이 필요 없는 색채이다. 가다 보니 100km 남은 표지판이 나올 듯 나올 듯 하다가 마침내 그 모습을 드러내는데, 반가운 것인지 아쉬운 것인지 모르겠지만 감격스럽기는 하다. 그 앞에서 만난 네덜란드 아저씨와 독일 친구와 함께 기념 샷을 찍는데 많은 사람이 그 표지판에서 사진을 찍기 위해 줄지어 기다린다. 나 자신이 700km를 걸어온 것이 대견한 것 같기도 하고 믿기 어려운 느낌도 든다. 무엇이 여기까지 오게 했는지 잘 모르지만, 아직 남아 있는 거리와 시간에 대한 다짐을 새로 하고 천천히 다시 길을 나선다.

언덕 위의 작은 마을을 몇 차례 지나면서 친구가 알려준 김치와 함께 라면을 먹을 수 있다는 식당은 결국은 못 찾고 포르토마린으로 직진한다. 사람들이 너무 많아져서 숙소 예약이 매우 힘들어지는데 어제 몇 차례 시도하다가 예약이 되지 않아 몇 군데 숙소에 메시지를 남겨놓았지만, 아무 연락이 없다. 남은 방법은 공립 알베르게인 무니시팔에 순위권 내에 선착순으로 도착하는 수밖에 없어 길을 재촉한다.

| 포르토마린 마을 표시

| 포르토마린

 빌라차를 지나니 커다란 미뇨강 너머 포르토마린이 언덕 위에 자리 잡고 있다. 하얀 집들로 이어진 도시 풍경이 마치 그리스의 해안 마을처럼, 다른 도시하고는 다른 이색적인 느낌이다. 이 도시는 1966년 벨레사르 댐을 만들면서 수몰되어 현재의 장소로 옮겨 새로운 마을을 만들었다고 한다. 다리를 지나 언덕 꼭대기에 자리 잡은 마을로 가파르게 올라가는 길은 마지막 피치를 올리게 한다. 입구에 있는 하늘로 가는듯한 가파른 계단을 올라가니 마을이 나오는데, 마을 가운데는 산 니콜라스 성당을 중심으로 커다란 스트리트 가게가 줄지어 서 있어 상당히 번화한 듯한 모습이다.

| 포르토마린 입구로 가는 계단

일단 공립 알베르게로 직행하여 줄을 서는데 눈짐작으로 약 30~40번째는 되어 보이면서, 숙소 정원인 86등에는 들 것 같아 안도하며 배낭을 세워놓는데, 어제 사리하에서 만났던 한국인 3명이 어느새 먼저 와서 기다리고 있다. 공립 알베르게인지라 10유로가

안 되는 저렴한 비용으로 숙소를 배정받고 올라가 보니 홀 안이 시끌시끌하다. 샤워장으로 가니 칸막이 문도 없는 전투적인 시설이 공립의 위상을 보여준다. 만났던 한국인들 몇몇하고 같이 가게에서 사 온 라면과 통조림, 맥주 한 잔으로 기분 좋게 식사를 하며 잠깐의 회포를 풀어본다. 밖으로 나와보니 건너편 학교건물에 오늘 공립 알베르게에 배정받지 못한 많은 사람이 학교 강당 건물 앞에서 기다린다. 아마도 공립 알베르게 숙소가 모자라니 순례객들을 위해 학교를 개방해 줘서 강당이라도 이용할 수 있게 편의를 제공해 주는 것 같다. 멀리서 보니 지난번 피에로스에서 만났던 미국인 학생들도 그 무리에 같이 줄지어 안으로 들어간다. 숙소 전쟁이 당분간 계속 이어질 모양이다.

　식사를 마치고 동네를 산책하는데 알베르게 위치가 높은 곳이라 공원 쪽으로 내려가니, 위에서 내려다보이는 동네 풍경과 멀리 보이는 미뇨강과 다리를 한눈에 볼 수 있다. 동네 한쪽에는 정면 입구만 보존된 산 페드로 성당 흔적이 수몰로 여기로 이전되긴 했지만, 과거 세월의 흔적을 잘 말해주고 있다. 공원에 이르러서 일몰이 시작되는 광경을 기다리는데, 하얀 마을 지붕 위로 비치는 노을과 강 쪽으로 이어지는 기다란 붉은색 여운이 엷어져 가는 파란 하늘을 배경으로 천천히 지속된다. 포르토마린 공원의 앞이 탁 트인 시야에서 미뇨강을 배경으로 본 인상적인 해넘이 장면도 오래도록 기억할 것 같다.

| 수몰 위기로 옮겨놓은 입구만 남은 교회

Day 33 :

까미노 블루

| 까미노 블루

📍 9/26, 화

포르토마린(Portomarin) - 곤사르(Gonzar) - 오스피탈다크루즈(Hospital da Cruz) - 아이레세(Airexe) - 팔라스데레이(Palas de Rei), 25km

어젯밤에도 여러 차례 숙소를 예약하려 시도했으나 안 되고 웨이팅 신청해 둔 곳은 연락이 없다. 선택지가 없어 다시 한번 공립 알베르게에 도착하는 것을 목표로 일찍 길을 나선다. 마을 아래쪽 다리를 향해 한참을 굽이쳐 내려가서 어제 오던 길과는 다른 다리를 건너 언덕을 올라가는데, 랜턴에 의지해 길을 더듬어 가다가 갑자기 랜턴 불빛이 꺼져버린다. 아뿔싸, 배터리가 끝난 모양이다. 미리 충전을 못 해놓은 부주의이다. 할 수 없이 앞쪽에 있는 일행 2명을 바짝 쫓아가다 여의치 않아 핸드폰 플래시를 같이 비추면서 가다 보니 많이 불편하다. 곤사르(Gonzar) 마을까지 가는 길은 계속 오르막길로 이어지는데, 유칼립투스 숲에서 나는 아침의 나무 향기가 신선하다. 2시간쯤 걷다 보니, 움직이는 강도에 비례하는 신체의 반응을 더는 거역하지 못하고 눈앞에 나타난 카페로 직진해서 아침을 해결한다.

곤사르를 지나 아이레세까지 가는 길은 리곤데 언덕을 넘는 오르막이 다시 이어지고, 이 길의 끝부분에서 시작한 길은 도로를 따라 계속 이어진다. 도로 옆의 길은 시끄럽고 지루하기도 하며 메마른 느낌이다. 지금까지 거쳐온 들판이나 산이 주는 넉넉함과는 다른 팍팍함에, 걷는 사람들도 빨리 지치는 느낌이다. 곤사르 지역을 지나 오스피탈다쿠르스, 아이레세, 레스테도 등의 작은 마을을 계속 거쳐 거의 6시간 이상을 걸어 겨우 목적지인 팔라스데레이(Palas de Rei)에 도착한다. 여기는 공립 알베르게가 두 군데인데 모두 마을 초입에 자리하고 있어, 제일 큰 규모의 무니시팔에 가서 숙소를 확인하니 자리가 있다. 체크인하고 침대가 있는 방으로 들어가니 공간도 매우 크고 1층 침상 위주로 되어 있다. 이 정도면 사립보다 훨씬 나은 시설인 데다 방에서 내가 두 번째 도착이라 마음에 드는 창가의 좋은 자리를 정한다.

생각해 보니 사리하에서 들어온 단체 순례객들이 모두 시내 쪽에 있는 사립 알베르게나 호텔에 단체로 예약해서 투숙하는 관계로 개인이 예약하는 일반 알베르게나 호텔은 자리가 거의 없나 보다. 며칠 안 남았지만, 공립을 자주 이용하는 것이 시설이나 그 넉넉함으로 더 나을 것 같다. 샤워를 마친 후 세탁기로 빨래를 처리하고,

지도로 검색하니 시내 초입에 식당이 하나 오픈한 시간이 되어서, 점심을 해결하려 거의 1km를 걸어 시내 쪽으로 향한다. 작은 호텔에 딸린 식당인데 사람이 별로 없다. 주인인지 매니저인지가 강력하게 추천한 뽈뽀와 맥주를 주문해 본다. 문어 숙회 같은 뽈뽀 요리는 갈리시아 지방의 특산물이라고 하는데 나는 이제야 처음 맛을 본다. 문어 위에 우리의 고춧가루 같은 매운 가루를 살짝 뿌려서 나오는데, 맥주와 함께하니 바다 내음도 나는듯해서 맛이 괜찮아 앞으로 몇 번 더 시도해야겠다.

| 수백 년 된 수로길

▌ 까미노 블루

숙소로 돌아오니 홀에 있는 1층 침상은 사람들로 거의 다 차 있다. 각자 복장이 각양각색인 사람들이 모여 있는데, 내 침대 왼쪽으로는 프로레슬러 같은 거구의 남자가 정신없이 자고 있고, 건너편에는 자전거로 여행하는 듯한 힘든 몰골의 사내가 자리하고 있다. 마지막 정비를 하기 위해 가지고 온 옷가지와 모든 물품을 앞, 뒤 베란다에 널어놓고 일광욕을 시키며, 나도 그 옆에서 아무 생각 없이 하늘과 들판을 바라보니 이 일정도 이제 정말 막바지인 것 같은 생각에, 체력은 바닥이 나고 있지만 아쉬움이 몰려오기 시작한다. 이런 아쉬움은 정말 내가 전혀 예상하지 못한 감정이다.

이 여정이 끝나면 나는 다시 일상으로 돌아갈 텐데 그때 이렇게 한 가지만을 위해 전념할 수가 있을까? 이렇게 하루가 단순하지만 충만한 일상을 반복할 기회가 있을까? 누군가가 까미노의 행복이 끝날 즈음에 가지는 우울이라고도 하고, 순례길을 끝나고 돌아가서 다시 가고 싶어서 끙끙 앓는 까미노 블루를 느끼게 된다고 하던데, 나도 그런 느낌이 벌써 오고 있는 것은 아닌지 모르겠다.

| 작은 시골집에 놓인 화분들

Day 34 :

보엔테 가는 길

| 가을이 다가오는 오후 풍경

📍 9/27, 수

팔라스데레이(Palas de Rei) - 레보레이로(Leboreiro) - 멜리데
(Melide) - 보엔테(Boente), 20km

오늘 가는 길은 어떻게 하다 보니 숙소가 예약되어 천천히 일어나 여유 있게 길을 나선다. 거리도 20km 정도이니 지금까지보다 짧은 편이다. 도시 중심지까지 거의 1.5km를 나가니 생각보다 이 마을이 큰 편이다. 곳곳에 열려 있는 식당에 사람들이 그득한 것을 보니 정말 많은 사람이 합류한 모양이다. 이렇게 많은 사람이 단체로 숙소를 차지하니 아무리 예약하려 해도 자리가 없을 수밖에….

나서는 길마다 많은 사람으로 소란스럽다. 지금까지의 순례길과는 완전히 다른 양상이다. 언제부터인가 이런 소음이 아주 낯설다. 조막만 한 배낭을 뒤에 메고 일행들과 떠들썩하게 지나가는 무리

를 보면, 약간 반칙 같다는 생각을 하다가도 부질없는 생각이라 곧 접어버린다. 순례길에 무슨 반칙이 있겠는가? 근데 확실히 두 부류로 나뉜다. 간편한 복장의 여러 명이 어울려 떠들썩하게 가는 무리와 커다란 배낭으로 완전 무장 하고 많아야 3명 정도가 스틱을 열심히 저으면서 가는 사람들이 확연히 구분된다.

가다가 무리와 무리 사이에서 갑자기 적막이 찾아오는 경우가 있는데, 커다란 소음 속의 고요함이라 그런지 멍해지는 기분이지만, 잠시 잊었던 일상 속의 익숙해졌던 고요함이라 많이 반갑기도 하다. 집에서 지낼 때 불현듯 깨어서 맞게 되는 새벽녘 고요함은 조용하고 생각할 시간이 많았지만, 다음 날의 고단함을 생각하면 많이 불편했고, 별로 내키지 않았던 것 같은데 말이다.

멜리데라는 도시는 안으로 들어갈수록 규모가 훨씬 커진다. 산티아고가 가까워질수록 사람들이 좀 더 상업적인 것 같고 냉정해지는데, 지나는 사람들이 화장실을 가려 해도 커피라도 한 잔 마셔야 한다. 초반이나 중반의 지나온 길에서 느꼈던 친절하고 따뜻한 미소와 함께, 조금이라도 뭔가를 해주려는 사람들의 분위기가 먼 시간 전의 일인 것 같다. 도심의 지나는 길에 호객하는 사람이 한국에서 왔냐면서 문어요리가 끝내준다면서 "맛있어요."라는 말을 연신 해댄다.

| 멜리데 도심지의 벽화

  목적지를 약 4~5km를 남기고는 다시 어깨가 찢어질 듯이 아프다. 오늘은 20km 정도라 힘들지 않을 것으로 생각했는데 체력이 떨어지면서 많이 힘들어진다. 며칠 전 폰세바돈을 내려오다 찢어진 앞 발가락도 계속 가는 길을 괴롭힌다. 생각해 보니 체력적인 문제 외에도 정신적인 느슨함인 듯싶기도 하고, 산티아고를 목전에 둔 시점에서 긴장이 조금씩 풀어진 것 같기도 하다.

  예약한 숙소는 주민이 얼마 안 되는 작은 마을에 있어 아주 깔끔하고 관리가 잘되는 느낌이다. 단체 순례객들은 대부분 큰 마을 중심으로 예약해서인지 이런 작은 곳은 그래도 몇몇 자리가 남아 있다. 하지만 내일 가는 페드로우소는 산티아고의 바로 못미처에 있어서 마지막 스퍼트를 내기 전에 호흡을 가다듬어야 할 꽤 큰 마을이라, 예상대로 일반 사립 알베르게와 호텔은 벌써 완전 예약 완료 상태이다. 내일도 일찌감치 길을 떠나 공립 알베르게를 기대하는 수밖에 없을 것 같다. 마지막 여정에 숙소문제로 신경을 계속 써야 하는 것도 예상하지 못한 변수이다.

이제 남은 마지막 45km를 위해 신발 끈을 다시 꽉 매야 할 것 같다.

| 나무 사이로 해가 뜰 준비를 한다

Day 35 :

복잡해진 길,
마지막 19km

| 페드로우소에 있는 이정표, 서로 다른 각자의 여정이다

📍 9/28, 목

보엔테(Boente) - 아르수아(Arsua) - 산타이레네(Santa Irene) - 페드로우소(Pedrouzo), 28km

오늘도 어두운 새벽 별을 보며 길을 나선다. 여기 와서는 밤과 새벽녘의 별들을 생각보다 원 없이 많이 마주치게 된다. 새벽 별은 달과 같이 떠 있는 경우도 많았는데 옛날에 배운 작은 지식으로 더듬어 찾던 국자 모양의 북두칠성과 북극성, 그리고는 별자리와 관련된 그리스 로마 신화에 나오는 여름밤의 전갈자리, 가을밤의 페가수스자리 등…. 눈으로 찾을 수는 없지만 이제 우리나라에서는 보기가 쉽지 않아 먼 이야기가 된 별과 관련된 흐릿한 기억을 되살려 볼 수 있는 시간이기도 하다.

날이 밝으며 길을 가다 마주치는 자연의 풍광이란 하얀 도화지에 무심하게 쓱 하고 그려져 있는 것 같지만, 햇빛을 받으며 시시각각으로 변화하는 그 화려한 변신이 사람들에게 아름다움으로 다가가며, 그 여운이 그리도 오래가는 걸 보면 자연스러움 그 자체의 힘이 그렇게 큰 것 같다.

1차 목적지인 아르수아(Arsua)까지는 8.5km를 가야 하는데 오늘도 캄캄한 오르막이 꽤 힘겹게 계속된다. 앞에서 작은 시계 불빛으로 어렵게 가는 두 사람에게 불빛을 비춰주며 조금 앞서서 가니 연신 고맙다고 한다. 이 길은 누가 누구에게 일방적인 도움을 주는 것이 아니라, 누구라도 곤경에 처할 수 있고 누구라도 도움을 줄 수 있어 희한하게도 어느 한 사람의 절대적 힘이 영향을 미치지 못하는 공평한 길인 것 같다.

아르수아 초입에서 아침을 해결하기 위해 들른 도로변의 식당은 별로 기억하고 싶지 않은 곳이다. 산적같이 생긴 캐셔에게 샌드위치 주문을 하자 분명히 영어 같은데 뭐라고 하는지 도저히 알아들을 수가 없다. 나중에 생각해 보니 "어떤 샌드위치?"라는 말을 심한 스페인 억양으로 내뱉는 듯이 이야기한 것 같다. 서로 유쾌하지 않은 눈빛을 나누고 겨우 아침을 해결하고 나오면서 이런 작은 불쾌감은 빨리 떨쳐버리기로 한다.

| 곡식 보관 창고인 오레오 모습

| 복잡해진 길

시내로 접어드니 차량이 엄청나게 많아져 정신이 매우 산만한 가운데, 한 무리의 특유의 까만 옷과 모자로 통일한 유대인 단체 순례객을 접하니 조금 생소하다. 유대교에서는 예수를 선지자의 한 사람 정도로 생각한다고 하는데, 야고보 성인이 지나간 순례길과의 연결 관계가 궁금해진다. 특유의 검은 모자, 하얀 셔츠에 검은 양복과 조끼로 깔맞춤 하고 비슷한 지팡이를 들고 무리 지어 가는 모양새가 이채롭다. 시내에는 이정표가 친절하지 않아 별생각 없이 한참 가다 길을 확인해 보니 다른 쪽으로 향하고 있어 거의 2km 정도를 다시 돌아 나온다.

 한쪽 길에서는 몇백 명의 학생무리가 단체 버스에서 내려 연신 재잘대며 순례길로 몰려들어 오기 시작한다. 아마도 학교에서 행하는 체험학습 코스인지, 인솔하는 선생님들과 함께 앞에서는 깃발을 흔들며 무리 지어 노래하기도 하고 들뜬 표정으로 길을 향해 힘차게 나아간다. 학생무리의 숫자가 너무 많아 앞길을 완전히 막고 있어 간신히 그 무리를 앞질러 앞으로 나가는데, 길을 양보해 주는 학생들의 표정이 때 묻지 않고 밝아서 좋다.

 산티아고를 얼마 남기지 않은 길이지만 그렇게 평탄하지만은 않다. 마을들은 거의 언덕 위에 자리 잡고 있고 길은 이런 마을들을 연결하여 지나가므로 지나가야 할 길은 연신 오르막 내리막을 반복하며 이어지고 있어, 마지막 산티아고 길을 그렇게 순순히 내어주지는 않는 것 같다. 더군다나 오늘은 조금 멀리 페드루오소까지 거의 30km를 가야 하고 숙소도 공립 알베르게 외의 선택지가 없어 서둘러 갈 수밖에 없다 보니 더 힘든 것 같다.

 겨우 도착한 페드루오소 초입에 이르러서 지도를 보니 구글 지도가 먹통 상태다. 지나가는 마을 사람에게 손짓·발짓으로 공립 알베르게 위치를 물어서 가다가, 지난번 피에로스에서 만났던 미국인 학생과 스위스 아주머니를 길에서 만나 숙소 상태를 물어보니, 자기가 겨우 얻은 숙소도 지금 만석인 상태라고 하며 나를 걱정스럽게 쳐다본다. 공립 알베르게에 대한 위치를 도움을 받아 우여곡절 끝에 도착해 보니 마을의 반대편 끝자락에 있는 곳이라 내일은 지금 가는 길을 다시 되돌아와야 할 것 같다. 하지만 고맙게도 자리가 있다는 말에 모든 고단함이 사라지는 듯하다. 그라샤스를 연발하며 2층 자리로 올라가니 규모도 아주 큰 편이고 시설도 최근에 재단장해서인지 아주 잘 정비되어 있다. 배정받은 자리도 또다시 싱글베드에 가장 조용한 창가의 구석 자리라 아무래도 나는 공립 알베르게 체질인가 보다. 다시 한번 소박한 침대가 주는 작은 행복함에 감사한다.

▎마지막 19km

저녁 식사를 하러 옆에 있는 식당으로 가는 길에 산티아고까지 19km, 마드리드까지가 559km 등 스페인 각 지방까지의 이정표가 서로 다른 색깔로 이채롭게 표시되어 있다. 그러고 보니 산티아고까지 20km가 채 남지 않았다….

내일이면 지금까지의 길을 마무리하는 시간이다.
내일 가는 길에 어떤 마음가짐으로 이 길에 대한 의미 있는 마침표를 찍을지, 또 도착했을 때의 감정을 어떻게 다스리며 간직할지가 커다란 물음표로 다가온다.
하지만 작위적인 생각과 준비가 무슨 의미가 있을까 싶어, 마음에서 우러나오는 대로 편하게 따라보기로 한다.

| 페드로우소의 공립 알베르게

VI

아, 산티아고,

📍 **페드로우소 – 산티아고**

Day 36 :

마침내
산티아고

| 멀리 보이는 산티아고 대성당 모습

9/29, 금

페드로우소(Pedrouzo) - 산마르코스(San Marcos) - 몬테도고소(Monte do Gozo) - 산티아고(Santiago), 19km

아침 일찍 평소와 다름없이 새벽녘에 눈이 떠진다. 마지막이라는 의미가 하루의 시작을 특별히 더디게 할 이유는 없다. 급해야 할 이유는 더더구나 없다. 산티아고까지 멀지 않은 거리이지만 한 걸음 한 걸음이 소중해지고 그 걸음의 울림을 계속 음미하고 싶기도 하다. 길을 걸으며 대단한 깨우침이나 특별한 기대가 있지는 않았지만, 막상 시작 전, 후의 변화가 있었을까 하는 의문에는 대답하기 힘들다. 하지만 한 가지 확실한 것은 살아오며 혼자서 이렇게 오랜 시간을 보내면서 생각할 수 있었던 적은 없었기에, 이 시간 자체는 참으로 소중한 의미가 있었던 것 같다.

어둑어둑한 마을을 빠져나가자 마지막 구간에 대한 선물인지 커다란 나무가 우거진 울창한 숲길이 계속해서 이어진다. 동이 트는 새벽하늘 사이로 낮은 햇살이, 벌써 가을이 시리게 스민 나무와 뒹구는 낙엽 위로 어우러지며 그 색의 농도를 더해간다. 갈리시아 지방에서 드물게 지속되는 푸른 하늘과 함께 발걸음이 가벼운 사람들 모두 아주 들뜬 표정으로 무리 지어 노래를 부르며 목소리를 높인다. 가고자 했던 목표에 거의 다다른 성취감과 이를 해낸 자신에 대한 기쁨에다, 이를 지켜준 데 대한 절대자에게 하는 감사의 표시이기도 하겠다. 환한 아침 색깔로 물든 순례길 이정표의 돌비석 주위에는 많은 순례자의 신발, 돌, 쪽지의 흔적이 여기저기 잔뜩 놓여 있어, 지금까지의 시간에 대한 고통과 기쁨의 교차에 대한 자신들의 심정을 날것으로 표출하고 있다.

| 산티아고를 앞둔 아침 햇살에 빛나는 순례길 비석

오늘은 한국 시각으로 한가위이다. 가족, 친지들과 보내는 일상이었는데 이국땅에서 난민 같은 몰골로 배낭 하나 메고 너덜거리려 먼 길을 걷고 있는 이 순간이 낯설긴 하지만, 앞으로 다시 올 수 없는 소중한 시간이 될 것이라는 생각으로 서글픈 기분은 잠시 접어두기로 한다.

오늘 머무를 숙소인 몬테도고소(Monte do Gozo)는 공교롭게도 산티아고 4.5km 전에 위치한다. 따라서 동선이 조금 꼬이게 된다. 약 4시간을 걸어 도착한 숙소에 체크인하기에는 아직 이른 시간이라 우선 짐만 맡겨놓고 다시 산티아고로 향한다. 숙소 근처의 순례자 동상 언덕에서 지난번 피에로스에서 만난 스위스 아주머니와 독일 아저씨가 환한 모습으로 다가와 반가워하며 기쁨의 포옹을 한다. 아주머니는 감격스러운 목소리로 우리가 마침내 해냈다는 말을 건네며 눈물이 글썽해진다. 가슴이 뭉클해지며 서로의 느낌을 감추지 않고 화답한다. 감정에 대한 교감은 국적, 인종, 기타 어떤 다름과도 상관이 없는 것 같다.

| 산티아고를 가리키는 언덕 위의 순례자 동상

언덕에서 바라보니 산티아고 대성당의 3개의 첨탑 모습이 신기루처럼 우뚝 솟아 있다. 저 목적지를 향해 이 사람들 모두가 육체적인 한계와 끊임없는 의구심을 떨쳐내고, 그렇게 간절하게 한 걸음씩 내디디며 이 길을 걸어왔다고 생각하니 많은 생각이 교차한다. 저 광장에 도착하면 환희의 종소리가 울려 퍼지고, 누군가가 꽃다발을 들고 우리를 기다린단 말인가…? 아니면 왜 그렇게 아직도 공허한 마음으로 도착했느냐고 질책한단 말인가…? 부질없는 생각들이 계속해서 들기도 하지만 이 길을 가서 그 광장에 발을 딛고 솟아오르는 감정들을 직접 느끼기 전에는 아직 잘 모르겠다.

대성당을 향해 배낭 없는 맨몸으로 걸어가니 조금은 어색하지만, 몸이 날아갈 것 같다. 그간 이맘때면 어깨를 짓누르던 고통도 무릎의 통증도 전혀 느낄 수가 없다. 분명한 것은 이 모두가 육체적인 고통의 무게만은 아니었을 것이다.

| 몬테도고소 언덕

| 산티아고 광장

　시내로 들어가니 순례자들과 관광객, 현지 주민들이 뒤엉켜 도시 전체가 분주하다. 가는 길을 골목길을 향해 방향을 틀자 저쪽에서 산티아고 대성당의 첨탑들이 커다랗게 보이기 시작한다.
　사람들로 붐비는 골목길을 헤집고 계단을 올라서 확 트인 오브라도이로(Obradoiro) 광장으로 들어서니, 대성당의 장엄한 모습이 갑자기 바로 눈앞에 나타난다. 잠시 호흡을 가다듬고, 한참을 서서 그냥 바라본다.

눈물이 쏟아진다고들 하는데 눈물보다는 머릿속을 복잡하게 떠돌던 생각들이 갑자기 조용해진다…. 이제 정말 도착한 것인가…? 가슴이 그냥 먹먹해진다.

주위를 살펴보니 그동안 길에서 만났던 사람들은 찾을 수 없고 수많은 일행무리가 눈물을 흘리기도 하고 여기저기서 소리 지르며 포옹을 하면서 기념촬영에 여념이 없다. 많은 사람은 아예 광장 바닥에 눕거나 기대며 대성당을 한없이 쳐다본다. 나도 멍한 표정으로 오랜 시간을 성당 앞 광장에서 하릴없이 머물러 있는다.

정신을 가다듬고 대성당의 모습과 광장 주위의 화려한 파라도르와 웅장하게 서 있는 건물들을 돌아본 후, 순례자 사무실을 물어물어 가서 순례자 인증서를 받는다. 안내하는 아주머니에게 순례자 여권인 크레덴셜과 여권에 찍힌 세요를 보여주니 몇 가지 질문 후 엄지손가락을 치켜들면서 축하해 준다. 보기에도 화려한 순례자 인증서 용지에 내 이름과 지나온 총거리와 시작, 종료 날짜까지 선명하게 표시되어 있다. 그동안의 시간과 노력에 대해 작지 않은 보상이다. 출구 옆에 진열된 원통형 보관함과 기념품 몇 개를 산 후, 아직도 확인증을 받기 위해 서 있는 긴 줄을 지나 순례자 사무실을 나와서, 골목골목의 분위기와 느낌들을 열심히 눈에 담아본다….

| 산티아고 데 콤포스텔라 대성당

▮ 화려한 점심

 공식적으로 해야 할 일이 끝나자 갑자기 진공상태의 느낌과 함께 시장기가 몰려오는데 그러고 보니 오늘 제대로 식사를 한 게 없다. 구글로 검색하니 멀지 않은 곳에 한국 식당이 있다고 한다. 걸음을 재촉하여 머릿속에는 얼큰한 음식을 잔뜩 기대하며 식당에 다다르니 며칠 전 만났던 한국인 아저씨 3명과 다시 마주친다. 역시 한국 사람들은 생각과 동선이 비슷한지 고향 음식에 대한 유혹을 떨쳐버리기 쉽지 않은가 보다. 인사와 함께 앞으로의 일정에 대해 서로 이야기하며 음식을 주문하는데, 기대했던 육개장이 없어, 라면 정식을 주문하니 전주 출신이라는 주인아주머니가 얼큰한 라면 한 사발과 고봉의 공깃밥, 오이 김치, 튀김까지 세트로 가져온다. 이 얼마만의 화려한 식사인가?

 정신없이 코를 박고 맥주 한 잔과 함께 식사를 하고 나니 이거야말로 미슐랭 별 3개다. 더 이상 바랄 것 없이 최고의 대접을 받은 기분으로 주인아주머니에게 감사의 인사를 한다. 배를 두드리며 숙소로 다시 5km를 넘게 걸어가려 하니 다리가 풀려서 걸어갈 엄두가 안 난다. 이 얼마나 얄팍한 정신력인지…?
 택시를 불러달라고 해서 길을 되돌아서 대성당을 뒤로하고 오늘 숙소인 몬테도고소로 다시 가는 길이 화려한 리무진을 탄듯한 호사를 만끽한다.

숙소는 사무실을 기준으로 커다란 벙커 동이 두 줄로 길게 늘어서 있는 엄청난 규모의 시설인데, 알베르게 외에도 콘도미니엄이나 리조트로도 사용하는 듯이 중앙광장에는 대규모 카페테리아가 있어 많은 사람이 나와 휴식을 즐기고 있다. 내일은 배낭을 메고 다시 산티아고로 향할 예정이다. 산티아고 대성당의 12시 대미사 참석을 끝으로 그동안의 순례 일정을 완전히 마무리할 계획이다.

| 몬테도고소 숙소 입구

Day 37 :

대미사,
한 방울의
눈물

| 대성당 미사 중의 보타푸메이로 향로예식

📍 9/30, 토

몬테도고소(Monte do Gozo) - 산티아고(Santiago)

　숙소인 몬테도고소(Monte do Gozo)에서 배낭을 꾸려 다시 산티아고로 가야 한다. 천천히 출발하려 했지만, 눈이 6시면 자동으로 떠진다. 괜히 침대에서 몸을 뒤척거리다 그냥 일어나 준비해서 출발하기로 한다. 산티아고로 향하는 마지막 배낭 무게라 그런지 평소보다 아주 가벼운 느낌인데, 역시 배낭을 메고 나니 뭔가 균형이 잡히는 기분이다. 1시간여를 천천히 어제 왔던 거리 구경도 다시 하고 다른 순례자 무리의 들뜬 표정도 읽으면서 길을 걸어본다. 독일 단체 순례자인 듯한 일행들이 장애인 3명을 들것에 싣고 대성당으로 향하는데, 실려 가는 장애인들은 벅찬 감정인 듯 얼굴들이 상기되어 있다. 여러 사람의 힘을 합쳐서, 여건이 안 되는 사람들과 함께 목적지로 향하는 모습이 아름답다.

| 대성당 광장으로 나가는 통로

Ⅰ 보타푸메이로, 한 방울의 눈물

광장에 도착하니 어제와는 또 다른 느낌이다. 아침이라 그런지 덜 붐비기도 하고 햇살과 서늘한 공기를 마시면서, 우뚝 선 대성당과 광장의 분위기를 큰 호흡으로 다시 느껴본다. 여기저기서 일찍 도착한 무리의 노래와 환호 소리를 들으며 12시 교중미사 참례를 위해 예약해 둔 숙소로 짐을 맡기러 간다. 왕복이 거의 1시간 거리이고 11시에는 성당에 도착해야 자리를 잡을 수 있다는 말에 발걸음을 서두른다. 11시경에 길게 늘어선 미사 참례자들과 함께 성당 안으로 들어가니, 황금빛 제대를 중심으로 앞과 좌우로 늘어선 회랑과 좌석들이 기다랗게 자리하며, 꽉 찬 느낌으로 성당 안의 위압감이 느껴진다. 제대 앞에는 이 성당의 독특한 보타푸메이로(Botafumeiro)라는 향로예절을 시행하는 커다란 향로가 공중에 매달려 있다. 울려 나오는 어마어마한 파이프오르간의 소리도 웅장하다.

여러 명의 신부님이 참석하여 집전하는 미사는 교중미사라서 그런지 거의 1시간가량 진행되었다. 스페인어로 진행되어 눈치껏 따라 하는데 중간에 각국을 거명하며 순례자들을 격려하고 앞으로의 삶의 자세에 관해 이야기하는 듯하다. 영성체를 영하는 시간이 되자 고해성사는 하지 않았지만, 지난번 작은 성당에서처럼 다시 대열에 서서 성체를 영한다. 자리에 돌아와 앉아 잠시 묵상하던 순간 갑자기 뜨거운 눈물 한 방울이 뚝 하고 떨어진다. 당황하여 눈을 감은 채 살며시 훔치면서 생각해 본다. 갑작스러운 이 눈물의 의미는 무엇인가?

어제 도착했을 때는 그래도 비교적 담담한 느낌이었는데…. 영성체가 주는 힘인가…? 그동안의 생각하고 느꼈던 과정에 대한 마음속에 실타래처럼 얽혀 있던 복잡한 감정의 표출인가…? 하지만 그것이 무엇이든 진정으로 감사하게 받아들이고자 한다….

미사 마지막 순간에 향로예식이 진행되는데, 커다란 향로가 연기를 내뿜자 양쪽에서 몇몇 사제들이 밑으로 당기니 그 커다란 향로가 좌우로 엄청난 높이까지 올라가면서 흔들리며 향을 뿜어낸다. 기도와 향로에서 뿜어져 나오는 연기와 사람과 사람들의 환호성이 더해지며 미사가 끝나가면서, 이제 나의 37일간의 산티아고를 향한 까미노 순례길은 모두 마무리된다.

| 800km 순례자 완주 증명서

성당을 나서는데 가슴속이 갑자기 텅 빈 느낌이다. 이 길이 끝나면 많은 것들로 마음속 깊이 채워질 것 같았는데 오히려 허전해진다. 내일부터는 새벽부터 준비하고 나아갈 목표지점이 없다. 어떤 알베르게를 예약할지, 아니면 일찍 도착해서 직접 가봐야 하는지, 어떤 길로 가야 할지, 어디서 쉬다 가야 할지, 비가 오는지, 기온에 따른 옷은 어떻게 입어야 할지…. 중간 간식은 준비해야 하는지…? 여기저기 아픈 몸들은 어떻게 다스리며 가야 할지…. 그러한 고민 거리가 없어지니 공허함이 깊숙이 밀려온다….

새로 보는 얼굴, 안면이 있는 얼굴이 뒤엉켜 걸어가고, 같은 공간에서 식사하고 잠자고 안부를 나누는 시간이 이제 차츰 기억 저편으로 멀어질 것이다. 그러면서 그렇게 괴롭히던 코 고는 소리, 발 냄새, 나를 두 번이나 괴롭히던 베드버그, 찢어진 발가락, 내려앉을 것 같던 어깨 통증…. 이 모든 것도 그리워질 것 같다.

길을 가면서 만났던 각 나라에서 온 남녀노소, 나이 불문한 까미노 친구들…. 작은 스치는 인연이었지만 따듯한 말과 마음 씀씀이가 많이 생각나면서, 모두에게 잘 가라는 작별인사도 나누지 못했지만, 진정으로 감사를 보내고 싶다.

여러 번 다녀온 사람도 수두룩한데 한 번의 완주로 이런 작은 감상에 젖어 드는 것은 아마도 내가 앞으로 더는 올 가능성이 별로 없기 때문인 것 같다. 연세가 어느 정도 드신 외국 노인분들도 많이 봤지만 나는 더 도전할 자신은 없다.

하얗게 재가 된 느낌이지만 이제 돌아갈 준비를 하며 마무리를 해야겠다.

과연 이 과정이 앞으로 어떻게 기억될까, 내 삶에 어떤 모멘텀을 주었나 등 너무 거창하게 생각하지 않으려 한다. 돌아가서 지나온 길들을 정리해서 작은 기억을 엮어 아이들에게 아버지가 그동안 이야기하지 못했던 생각이 무엇인지, 그리고 이 나이 즈음에 어떤 상념들이 있었는지를 전하기만 해도 그것으로 만족할 것 같다. 그동안 하지 못했던 속 깊은 대화를 글로나마 대신하고 싶다.

광장을 빠져나오며 아직도 밀려오는 순례자들, 그리고 각 루트의 저편에서 잔뜩 긴장하면서 출발하는 수많은 순례자를 격려하고 싶다.

부엔 까미노(Buen Camino)!

| 산티아고의 골목길

| 산티아고 공원에서 바라본 대성당

에필로그

　산티아고 대성당 미사를 끝으로 나에게 주어진 긴 여정을 끝내자 나도 예외 없이 다가온 까미노 블루를 심하게 앓게 되었다. 산티아고 시내를 여기저기 헤매다가도 갑자기 문득문득 다가오는 커다란 허전함은 생각보다 거칠게 다가와서 마음속에 깊이 자리하는 것 같았다. 그래서 원래 계획에는 없었던 묵시아(Muxia)와 피스테라(Fisterra)를 가보기로 하고, 200km 가까이 되는 거리를 기력이 다한 체력으로 이제는 걸어서는 자신이 없어, 여행사를 통한 버스 투어를 이용해 하루 만에 다녀오기로 하였다.

　피스테라는 스페인의 서쪽 끝에 자리 잡고 대서양을 바라보고 있으며, 야고보 성인의 시신이 처음 도착했다는 전설이 있는 도시이기도 하다. 커다란 십자가 돌기둥이 광활한 대서양을 향해 등대처럼 서 있으며, 해안가 주위에는 요트와 카페촌이 줄지어 있어, 나는 편안한 기분으로 바다를 보며 와인과 싱싱한 해산물로 점심을 즐기며 휴식을 취해보기도 했다. 묵시아는 0km라는 표시와 함께 커다란 두 비석이 입체적으로 마주 보고 있는 모습이 인상적이기도 하다. 바닷가에는 오래된 성당과 기적의 전설을 이야기해 주는 5개

| 묵시아의 상징적인 돌기둥

| 스페인 서쪽 끝의 피스테라

의 바위가 있어 여러 가지 story를 만들고 있다.

 산티아고로 돌아와서는 마드리드로 가는 저녁 비행기를 기다리며, 숙소에서 산티아고 대성당으로 가는 길의 공원과 골목길을 마지막으로 눈에 넣으며 감흥을 조금이라도 더 유지하기 위해 미로를 찾아 헤매었다.

 마드리드와 바르셀로나의 도심과 미술관을 거쳐, 아일랜드의 더블린에서는 기네스 맥주와 제임슨 위스키의 향에 취하기도 하고, 제임스 조이스의 흔적을 온종일 따라다니기도 하다가, 아일랜드 서쪽 끝의 모헤어 절벽에 가서는 고대로부터의 내려온 거칠고 황량한 모습의 매력에 푹 빠지기도 했다. 마지막으로 영국의 맨체스터를 거쳐 딸아이가 있는 셰필드에서 이틀간 체류하면서 오랜만의 해후로 못다 한 이야기도 나누었지만, 너무 짧은 시간이었다. 어릴 적 〈피터 팬〉과 〈로빈 후드〉 디즈니 비디오를 거의 외우듯이 좋아한 영향인지 딸아이는 이제 어른이 되어서도 영국에서 지내고 있는데, 앞으로도 혼자서 바쁘게 지내야 할 생각을 하니 짠해지는 마음을 뒤로하고 런던으로 다시 떠났다.

 런던에서는 도심지를 쫓아다니며 곳곳에 널린 미술관과 박물관, 시티 중심가에서 런던 특유의 고유한 냄새를 맡으려 했으나 턱없이 부족한 시간이었다. 하지만 오래전 미국에서 지냈을 때를 제외하고는 거의 30여 년 만의 혼자서의 시간을 나름대로 꽉 채우면서

50일간의 긴 여정을 마무리하였다.

  살아가면서 우리가 추구하는 행복이라는 실체는 무엇일까 하는 의문이 계속 있어왔다. 소위 말하는 가족 간의 사랑, 풍족한 경제력, 이루고자 하는 목표의 성취, 지적인 호기심 달성 이외에도 많은 추구 대상이 있겠지만, 자기가 하고 싶은 생각을 본인의 의지에 기대어 실행하는 삶도 나쁘지는 않은 것 같다. 그렇게 하다가 자기가 해결할 수 없을 만큼 어렵고 고통스러운 난관에 부닥치면 비틀스의 'Let it be' 가사에서 위로를 받으면 될 일이다.

우리의 젊은 시절은 화려했지만 날카로웠고,
세월이 지나가는 지금은 밋밋하지만 모나지 않는다.

하지만 꿈틀거리는 영혼이 목말라하면
바로 그때가 움직일 때이다.

대지의 바람과 함께 홀연 길을 나서면
나는 어느새 자유를 느낄 것이다.

찾고자 하는 길은 길 위에 있고
그렇게 길은 길로서 계속 이어진다.

| 순례자의 신발

순례길과 관련하여
많이 하는 질문(FAQ)에 대한 안내

Q1) 산티아고 순례길의 기원은 어떻게 되나요?

먼저 '산티아고 데 콤포스텔라'의 의미는 다음과 같음. 산티아고의 산(san)은 영어로 saint의 의미이고, 성인을 뜻하는 라틴어가 '산토(santo)'이며, 야고보는 라틴어 표기인 Iacobus에서 유래한 '이아고(Iago)'라 하였는데, 이를 함께해서 '산토이아고(santo Iago)', 그리고 이것이 변하여 산티아고(Santiago)가 됨. 콤포스텔라(compostela)는 스텔라가 '별'이라는 의미이므로 '별들이 빛나는 들판'이라는 뜻이어서 성 야고보 성인의 유해가 묻혀 있는 성스러운 장소로 해석되고 있음(namuwiki 참조).

야고보 성인은 예수님의 12 제자 중 한 사람으로서, 제자 중에는 야고보라는 이름이 2명 있었는데 그중 큰 야고보라고 불리며, 유대와 사마리아 지역에서 복음을 전하고 당시 땅끝으로 여겨진 이베리아반도까지 가서 전도하였으며, 서기 44년 예루살렘에서 헤롯에

의해 순교를 당함. 그 유해는 전설에 의하면 몇 년 뒤 갈리시아의 작은 어촌에 밀려온 배에 커다란 가리비에 쌓인 채 발견되었다고 함. 그 근처의 도시에 안치되었다가 한동안 잊혔는데 서기 9세기경 양치기가 별빛의 인도를 받아 동굴 속에서 발견하여 다시 유명해지며 그 위에 교회를 짓고 중요한 성지로 인정받았다고 함.

1993년에는 유네스코가 세계문화유산에 등재하였고, 파울로 코엘료의 《연금술사》에서 이 길이 언급되며 다시 많은 사람의 관심을 받는 계기가 되었다.

Q2) 산티아고로 가는 순례길 코스는 어떤 것이 있나요?

인터넷 등으로 많이 소개되고 있는데 대표적인 코스는 다음과 같음.

1. 프랑스 길(까미노 프란세스)
: 생장피에드포르 – 피레네산맥 – 론세스바예스 – 부르고스 – 레온 – 산티아고, 약 800km, 가장 대표적이고 많은 사람이 찾는 길.

2. 아라고네스 길(까미노 아라고네스)
: 솜포르트(Somport) – 하까(Jaca) – 푸엔테라레이나, 160km, 푸엔테라레이나에서 프랑스 길과 만남.

3. 스페인 북부 해안 길(까미노 노르테)
: 이룬(Irun) – 빌바오 – 산탄데르 – 리바데오 – 아르수아 – 산티아고, 약 830km, 오르막과 내리막이 많아 쉽지 않은 코스.

4. 포르투갈 길(까미노 포르투게스)

: 리스본 – 포르토(Porto) – 뚜이(Tui) – 폰테베드라(Pontevedra) – 파드론(Padron) – 산티아고데콤포스텔라, 약 630km.

5. 은의 길(비아데라플라타)

: 세비야 – 메리다(Merida) – 카세레스(Caceres) – 살라망카(Salamanca) – 사모라(Zamora) – 아스토르가(Astorga) – 산티아고데콤포스텔라, 약 1,000km, 시설이 부족하고 여름에는 피하는 것이 좋음.

이외 까미노 프리미티보, 까미노 마드리드 등 여러 루트가 존재함.

* 참조: 대한민국 산티아고 순례자 협회 홈페이지

Q3) 숙소예약은 어떻게 해야 하나요?

숙소는 공립(Municipal) 알베르게, 사립 알베르게, 호텔 등이 있는데 알베르게는 호스텔과 같이 여러 명이 공동생활을 하는 장소이며 침대, 화장실이나 샤워실들을 공용으로 사용하는 장소임. 공립은 숙소가 저렴한 편으로 상대적으로 사립 알베르게보다는 시설이 조금 떨어지나, 지역에 따라서는 사립보다 훨씬 좋은 곳도 있으니 사전에 잘 알아보는 것이 중요함. 사립은 앱을 통해 예약할 수 있으며, 공립은 예약을 받지 않아 보통 선착순이라 어떤 곳은 일찍 가야 안전할 수 있음. 호텔은 1인실이나 2~3인실도 있고 별도의 개별 공간이 있어 컨디션 회복 등에 필요 시 가끔씩 활용하는 것도 방법임.

Q4) 비용은 얼마나 예상하면 되나요?

사람의 취향이나 습관에 따라 천차만별일 수 있음.

1. 숙소

공립 알베르게가 평균 약 10유로, 사립 알베르게가 약 15유로 정도 되었음. 마을에 호텔이 있다면(큰 도시를 제외하고는 통상 작은 규모임) 약 50유로 정도가 소요됨. 나는 일주일에 한 번 정도는 호텔에 투숙하여 컨디션 조절을 하였음.

2. 음식

조식 5유로~7유로, 점심은 개인차가 있으나 10~15유로 정도, 저녁은 순례자 메뉴가 제공되는 곳이면 통상 15유로 정도 했음. 물론 별도의 식당에서 식사를 제대로 하면 엑스트라 비용을 생각해야 함. 이외 중간에 먹고 마시는 간식으로 5~10유로 정도 소요됨.

따라서 개인차가 있겠지만, 하루 50~60유로 정도면 생활하는 데 크게 불편함은 없는듯함.

Q5) 현지에서의 비용 결제는 어떻게 하나요? 현금은 어느 정도 소지해야 하나요?

각 은행의 해외여행용 트레블 체크카드, 트레블월렛, 비자나 BC 신용카드 등이 사용 가능함. 현지에서는 트래블월렛 같은 체크카드가 용이했음. 일부 금액을 충전하다가 필요하면 원화를 현지 통화로 앱에서 환전하여 편하게 사용 가능하고 수수료도 매우 저렴한 편임.

Q6) 물집이나 베드버그에 대한 대비는?

물집에 대한 통상적인 대비로 제일 중요한 것이 신발이고, 그다음이 양말임. 양말은 발가락 양말과 트레킹용 양말을 세트로 신었으며 약 2~3세트 정도면 충분함. 참고로 물집 위기가 몇 번 있었지만 생기지는 않았음. 자기 전이나 출발 전에 바셀린을 발라주는 것도 효과가 있음. 물집이 생겼다면 전통적인 실과 바늘로 물집을 제거하고 소독하면 2~3일 정도면 아문다고 함.

베드버그는 그야말로 복불복인데, 나도 두 번 정도 경험이 있는데 매우 힘들었음. 숙소에서 제공하는 일회용 시트를 잘 활용하고, 침낭 안에서 잔다면 어느 정도 대비가 되는 것 같음. 일단 물리고 나면 약 일주일 정도는 계속 약을 발라야 함.

Q7) 현지의 배낭 배달 서비스는 어떻게 운영되나요?
—

순례자들 용어로 동키서비스라고 하는 delivery 서비스가 거의 모든 숙소에서 가능하며 다음 코스인 약 20~30km까지는 6~7유로 정도 하는 것 같았는데 직접 사용해 보지는 않았음.
하지만 높은 산을 넘거나 몸 상태가 안 좋을 때는 매우 유용한 서비스로 보임.

Q8) 컨디션이 좋지 않을 때 가능 수단은?
—

마을 보건소, 의원에서 진료할 수 있고, 이동을 택시나 버스로 하는 방법도 있음.

Q9) 배낭의 적정 무게는?
—

통상 체중의 10분의 1이 적당하다고 하나, 긴 시간 먼 거리를 가야 하는 관계로 무게 관리가 쉽지 않음. 필요 물품은 별도로 정리해 놓았으니 참조 요망. 특히 침낭, 의류 등을 계절에 맞게 가벼운 소재로 준비하는 것이 중요함. 필자는 최종 13kg이 초과했지만 가능한 10~11kg 수준을 맞추는 것이 좋을듯함. 순례길이 끝나고 이어서 다른 여행을 하는 사람은 우체국에 미리 짐을 보내놓고 가는 경우도 있음(단, 우체국 최대 보관 가능 기간은 확인해야 함).

Q10) 계절은 언제가 좋은지?
—

일반적으로 봄 시즌인 4월~7월 초순, 가을 시즌인 8월 말~11월 중순을 선호하나 붐비는 시간을 피하여 여름이나 겨울에 가는 사람들도 있음. 봄, 가을이라도 고산 지대를 지날 때와 수시로 내리는 비, 한낮의 강렬한 햇빛 등을 대비하고 체온 관리가 중요함.

Q11) 체력적인 준비는?
—

별도로 체력 훈련은 하지 않았음. 가기 전 1개월 정도 주위의 산을 매주 올라갔고 틈날 때마다 약 10km 정도의 걷기는 반복하였음. 까미노에서는 처음 일주일 정도가 가장 힘든 고비라고 하는 데 동의함. 하지만 순례길이라는 목표가 있어 잠재적인 정신력도 플러스알파의 요인으로 작용하는 것 같음.

Q12) 휴대폰 준비
—

통신 수단은 필수인데 나는 2개월간 로밍 서비스를 선택했음. 유심은 갈아 껴야 하고 통신이 지역별로 잘 안 되는 곳도 있다고 해서 피했는데 가격과 편의성을 같이 고려해 볼 필요가 있음. e-Sim 서비스는 기종이 갤럭시 S22라서 적용 대상이 아니었는데 애플이나 S24는 가능하다고 함.

준비물

품목		수량	비고
여권		1개	여권 분실 대비 여권 카피
카드		1~2개	각 은행의 트레블 체크카드, 트레블월렛, 신용카드
지갑		1개	얇은 것, 카드 및 현금 보관
현금		500~1,000 유로	개인별 차이
시계		1개	핸드폰으로 대체가능
핸드폰	메인+보조	1~2개	안 쓰는 휴대폰을 비상용으로 지참
	보조배터리	1개	숙소에서 주로 보조배터리로 충전 (충전기가 공용임)
	유심칩 or 로밍	-	로밍해서 사용했음, 유심칩은 비상용 준비 (기종별로 e-Sim 칩도 사용 가능)
가이드북		1권	현지 도착 후 생장이나 데카트론에서 구매
배낭		1개	50 l, 개인별 준비물에 따라 용량 선정
신발	등산화	1켤레	발목이 중간 것, 중요하므로 가능한 바닥이 편하고 튼튼한 것으로
	슬리퍼	1켤레	목욕탕이나 실내에서 사용, 가능한 부피 작은 것
스틱		1세트	현지 도착 후 구매, 사전준비 시 공항 검색대 통과 불편
물통		1개	1~1.5 l
모자		1개	챙이 넓은 것
선글라스		1개	필요함, 안경 착용 시 번거로우면 변색 렌즈도 고려해 볼 만함
머리띠 겸 목 보호대		1개	땀 흘러내림 방지용, 바람막이용
침구류	침낭	1개	중요함. 가능한 한 가볍고 부피가 작은 것
	베개	1개	개인 취향, 풍선용 휴대했으나 별 필요 없었음
보조 의자		1개	휴대했으나 별로 쓸 일 없어 처리했음

품목			수량	비고
의류	속옷	팬티	2~3개	잘 마르는 것
	셔츠	긴 팔	2~3개	기능성
		반소매	2~3개	기능성
	바지	긴바지	2개	등산용
		반바지	1개	더울 때 착용
		트레이닝복	1개	숙소 및 취침용
	양말	등산용	3켤레	인진지 브랜드 많이 씀
		발가락	3켤레	유용함, 등산 양말 안에 착용
	보온재킷		1개	계절에 따라 변화, 여름에도 비가 올 때나 산 정상에서는 서늘함 감안 필요
	경량패딩		1개	얇은 것, 바람막이 겸용도 가능
	바람막이		1개	등산용, 얇은 것
손수건			1장	땀 닦을 때 이용
우의			1개	가볍고 질긴 것
세면도구	비누/샴푸		1개	개인 취향, 겸용으로써도 됨, 필요 시 현지 구매 가능
	수건	일반	1장	스포츠 타월
		샤워용	1장	-
	칫솔		1개	필요 시 현지구매
	치약		1개	필요 시 현지구매
빨랫비누			1개	액체용이 보관에 편함
화장품	로션		1개	개인 취향
	선크림		1~2개	필수

의약품		1세트	감기약, 소화제, 소독약, 필요 시 비타민, 밴드류, 바셀린
기타 비품	헤드 랜턴	1개	필수, 충전 가능용, 손전등보다는 헤드 랜턴 추천
	다용도 칼	1개	과일 깎기 등
	손톱깎이	1개	-
	귀마개	1~2개	유용했음
	무릎 보호대	1세트	필요 시
	휴대용 화장지	1개	-

유용한 앱

아홉 분		용도
부엔 까미노	Buen Camino	알베르게 정보, 예약
까미노 필그림	Camino Pilgrim	일정, 지도 및 스케줄
까미노 닌자	거리 추정	이동 거리, 위치 안내
whats app	SNS	숙소 등 예약문의 활용
Google Map	필수	지도 수시 활용
Booking .com	예약	알베르게 예약

Omio	숙소, 교통	유럽 숙소 및 교통편 예약
SNCF Connect	TGV 등	프랑스 철도예약
Expedia	여행 예약	항공권 예약
Travel Wallet	체크카드	현지 사용, 현금 대체 기능

대한민국 산티아고 순례자 협회	http://caminocorea.org/
까미노의 친구들 연합	https://cafe.naver.com/camino2santiago.cafe

그렇게
길은
산티아고로
이어진다

초판 1쇄 발행　2024. 8. 19.

지은이　이광희
펴낸이　김병호
펴낸곳　주식회사 바른북스

편집진행　황금주
디자인　한채린

등록　2019년 4월 3일 제2019-000040호
주소　서울시 성동구 연무장5길 9-16, 301호 (성수동2가, 블루스톤타워)
대표전화　070-7857-9719 | **경영지원**　02-3409-9719 | **팩스**　070-7610-9820

•바른북스는 여러분의 다양한 아이디어와 원고 투고를 설레는 마음으로 기다리고 있습니다.

이메일　barunbooks21@naver.com | **원고투고**　barunbooks21@naver.com
홈페이지　www.barunbooks.com | **공식 블로그**　blog.naver.com/barunbooks7
공식 포스트　post.naver.com/barunbooks7 | **페이스북**　facebook.com/barunbooks7

ⓒ 이광희, 2024
ISBN 979-11-7263-099-7 03810

•파본이나 잘못된 책은 구입하신 곳에서 교환해드립니다.
•이 책은 저작권법에 따라 보호를 받는 저작물이므로 무단전재 및 복제를 금지하며,
　이 책 내용의 전부 및 일부를 이용하려면 반드시 저작권자와 도서출판 바른북스의 서면동의를 받아야 합니다.